I0025916

TRÉSOR GÉNÉALOGIQUE

DE

LA PICARDIE

OU

RECUEIL DE DOCUMENTS INÉDITS

SUR

LA NOBLESSE DE CETTE PROVINCE,

PAR

UN GENTILHOMME PICARD.

TOME PREMIER.

1re Livraison.

AMIENS,

Typographie de V.ᵉ HERMENT, Imprimeur-Libraire, place Périgord, 3.

1859.

NOTES

D'UN GÉNÉALOGISTE

DU DIX-HUITIÈME SIÈCLE.

TRÉSOR GÉNÉALOGIQUE

DE

LA PICARDIE

OU

RECUEIL DE DOCUMENTS INÉDITS

SUR

LA NOBLESSE DE CETTE PROVINCE,

PAR

UN GENTILHOMME PICARD.

———❧———

TOME PREMIER.

———❧———

AMIENS,

Typographie de V.ᵉ HERMENT, Imprimeur-Libraire, place Perigord, 3.

—

1859.

Le Trésor généalogique ne contiendra que des documents inédits, tirés des Archives de l'Empire et des départements, des manuscrits de la Bibliothèque impériale et de bibliothèques particulières.

Après les « Notes d'un Généalogiste du dix-huitième siècle » si curieuses pour beaucoup de maisons encore existantes, et qui ont été soigneusement recueillies et classées par moi, je publierai successivement 1° le Role des Nobles et fieffés du Bailliage d'Amiens, ajournés pour la guerre, en 1337, par ordre de Philippe de Valois ; 2° des extraits du Trésor généalogique de dom Villevieille ; 3° des extraits des Titres scellés de Clairembault avec les sceaux gravés ; 4° des extraits des titres scellés de Gaignières ; 5° les montres des chevaliers et écuyers de Picardie ; 6° des extraits du Trésor des Chartes et de la collection de Titres scellés qui sont aux Archives de l'Empire ; enfin des extraits des papiers de dom Grenier, et des documents de toute nature, cartulaires et autres qui pourront me fournir des renseignements généalogiques.

Un Gentilhomme Picard.

𝔄.

ABBEVILLE.

Porte : d'argent à trois écussons de gueules.

1492, 12 Avril. — Nicolas de la Fresnoye, Bailli de Mons et de Brestel pour noble homme Guillaume d'Abbeville, dit d'Yvergny, écuyer, Seigneur desdits lieux, approuve une donation de deux journaux de terre, séant au terroir dudit Brestel, faite à l'église de St-Martin-de-Mons. (Titre sur parchemin, scellé.)

ABRAHAM.

Porte : d'argent à la fasce de sable accompagnée de six billettes de même, trois en chef et trois en pointe.

1512 — Raoul Abraham possède des terres et un fief dans la commune de Drucat, près Abbeville.

1384 — Jean Abraham a du bien au Crotoy.

1450 — Le sieur Abraham, écuyer, Seigneur de Millencourt et d'Ysengremer, vivait à Ysengremer en 1450, ayant un fils, Jean, et une fille. Marie.

1470 — Marie Abraham s'allie à Edmond Becquet. Seigneur d'Erveloy, près Martaineville-les-Butz, sous St-Maixent.

1480 — Jean Abraham, écuyer, Seigneur de Millencourt, s'allie avec demoiselle Catherine le Briois.

1525 — Noble homme Hugues Abraham, écuyer, Seigneur de Millencourt, et demoiselle Jeanne Galme, sa femme, vendent à cens sept acres de terre, sis à Villers, comté d'Eu, à Guillaume de Cléry.

1542 — Jacques Abraham, écuyer, comparaît pour ses fiefs.

1565 — Jean Abraham, écuyer, qui avait épousé demoiselle N. de Boubers, de la branche de Ribeaucourt, transige avec Louis de Brestel, écuyer.

1567 — Jean Abraham, écuyer, Seigneur de Millencourt, de Camp-du-Bourg (fief à Saigneville) et d'Ysengremer, comparaît à la réformation de la Coutume d'Amiens. Il déclare posséder des fiefs en Ponthieu, à Meneslies, à Onicourt et à Woincourt, et offre de servir à l'arrière-ban.

ACHEU.

Porte : parti d'un trait ; au 1er d'argent à la croix ancrée de sable ; au 2me d'argent à l'aigle éployée du second émail.

Cette maison s'appelle ainsi du village d'Acheu en Vimeu. Son ancien nom était Poulain. Quant à ses armes, elle les portait ainsi, disaient les seigneurs d'Acheu, depuis le temps des croisades.

1144 — Gaufridus de Aisseu, Gillebertus de Asseio et Eduardus, filius ejus, habitent à Doullens.

1207 — Giroldus d'Acheu est échevin à Doullens pendant cette année.

1260 — Enguerran d'Acheu, dit Poulain, tient un fief du Roi en Vimeu.

1290 — Simon d'Acheu ou d'Aisseu, dit Poulain, possède à cette époque des fiefs à Grébault, Onicourt et à Martainneville-les-Butz. Dans ce dernier village il occupe un manoir qui appartient depuis à Mathieu Clabault.

1330 — Pierre d'Acheu ou d'Aisseu, dit Poulain, écuyer, Sire dudit lieu, possède des fiefs en Vimeu.

1347 — Willame d'Acheu, écuyer, dit fils de Pierre, possède les mêmes fiefs que son père.

1363 — Jehan d'Acheu ou d'Aisseu, dit fils de Willame, et aussi écuyer, tient en Vimeu un fief du Roi.

1377 — Riquier d'Acheu ou d'Aisseu, écuyer, a du bien à Hallencourt.

1380 — Mathieu Clabault, Seigneur de Martainneville en partie, présente son aveu où il parle du manoir qui appartint jadis dans cette commune à Simon d'Aisseu lequel était fils d'Enguerran dit Poulain, tous fieffés en 1280.

1381 — « Je Guillaume d'Aisseu, homme de fief, parpayant deux fois les plaids au Castel du Roy à Abbeville, par 60 solz de relief, pour men fief qui fust jadis à Enguerran Poulain d'Aissieu, scis à Martinneville, doit un septier d'avoine... au livre des chens à Abbeville. »

> (Ce fief s'étendait à Grébaumesnil. — Les d'Acheu étaient encore alors seigneurs de ce lieu; tous les titres en font foi. Dans leurs sceaux, ils paraissent porter un poulain pour armes.)

1384 — Le fief que Simon d'Acheu avait à Gribaumesnil, lui est confisqué.

1430 — On trouve à cette époque Thumas d'Aissieu ou d'Acheu, vivant à Gribaumesnil avec Clarisse, sa femme.

1450 — Maroie Waucquette vivait alors, veuve de Jéhan d'Aisseu, qui fut puni de mort pour ses méfaits.

1480 — Pierre d'Acheu, écuyer, est Seigneur de Foucaucourt.

1480 — Drouet d'Acheu possède des terres à Saigneville.

1557 — Jacques et Louis d'Acheu, frères, comparaissent ensemble à l'arrière-ban d'Amiens.

1652, 30 Mars. — Messire Antoine d'Acheu, Chevalier, Seigneur de Foucaucourt, y demeurant, se faisant fort de Catherine de Quirry, son épouse, vend à Messire Nicolas de Fontaine, Chevalier, Seigneur de Ramburelles, le fief noble des Grisons, dit de Warrens, consistant en 24 journaux de terre, sis à Chépy, et en plusieurs censives à lui échues après le décès de son oncle, Messire Charles d'Acheu, Chevalier, Seigneur de Lignières. (Fief noble assis entre Bienfay et Moyenneville.)

ACCART.

Porte : d'argent à la croix ancrée de gueules.

1424 — Jean Accart, fils de Nicolas Accart et de demoiselle Pérotte de Boubers, était auditeur du Roi à St-Riquier en 1424.

1447 — Nicole Accart, demi-pair de Domart à cause de Bourdon, vend sa terre à Guillaume de Conti.

1465 — Philippe Accart comparaît à l'arrière-ban et paye 10 sols.

2.

AGUESSEAU.

Porte : d'azur à deux fasces d'or accompagnées de six coquilles d'argent, 3 en chef,
2 en fasce et 1 en pointe.

1605, 5 Février. — Bail de la récolte de Corbie fait à Jean AGUESSEAU, secrétaire de
la Chambre du Roi, et à Christophe JACQUART, trésorier-payeur de la Gendar-
merie de France.

AIGNEVILLE.

Porte : d'argent à l'orle d'azur.

1333 — Noble Seigneur Messire Fremin d'AIGNEVILLE, qualifié partout Chevalier et
Seigneur d'Etrejus, dans un grand nombre de titres jusqu'en 1376.

1343 — Madame Alix du Bus, femme de Messire Fremin d'AIGNEVILLE, Chevalier,
possède beaucoup de biens à Martainneville-les-Butz d'où elle tira son nom du
Bus, et à Morival. Elle possède aussi le fief de la Motte.

1351, 4 Octobre. — Noble Seigneur Messire Frémin d'AIGNEVILLE, Chevalier, Seigneur d'Etrejus, Millencourt et le Bus, achète 8 journaux de terre à Martainneville-les-Butz, où il résidait, de Raoul de Martengneville, fils de Bertaut de
Martengneville, écuyer, de qui ces 8 journaux relevaient.

1375 — Guillaume d'AIGNEVILLE, écuyer, Seigneur de Tully, sert un aveu de ladite
terre au Roi comme Comte de Ponthieu.

1376 — Messire Fremin d'AIGNEVILLE, Chevalier, Seigneur d'Etrejus, Millencourt,
et du Bus, comparaît devant Sire Mahieu de Barbafust, mayeur d'Abbeville.

1376 — Robert d'AIGNEVILLE, écuyer, comparaît avec son père, Messire Fremin
d'AIGNEVILLE, Chevalier, devant Sire Mahieu de Barbafust, mayeur d'Abbeville. — Il possédait les mêmes biens que son père dont il est déclaré fils et
hoir. Il avait épousé demoiselle Marie de Biencourt qui avait beaucoup de biens
au Bus et à Morival. Elle se remaria à Pierre Mallet, écuyer, qui demeurait
aussi à Morival.

1381 — Aveu de Maisnières. — Il y est parlé de Messire Barthélemi d'AIGNEVILLE et de Willame d'AIGNEVILLE, qui y possédaient des biens.

1384 — La Seigneurie d'Hercelaines entra dans la famille d'AIGNEVILLE en 1384.

1400 — Jéhan d'AIGNEVILLE, écuyer, Seigneur du Bus, de Dreux ou Rogehan, fut allié à Jeanne de Belloy, fille de Jean de Belloy, et nièce de Pierre de Belloy, qui demeuraient tous deux à Martainneville-les-Butz où ils avaient un peu de bien qui fut donné à Jeanne.

1400 — Un Jéhan d'AIGNEVILLE demeurait à cette époque à Maigneville.

1400 — Laurent de BÉTHENCOURT possédait alors le fief de Tully au lieu et place de Willame d'Aigneville.

1410 — En cette année et pendant les années suivantes, Pierre d'AIGNEVILLE, écuyer, sert des aveux où l'on voit qu'il possédait deux fiefs à Martainneville-les-Butz, un de 17 journaux et un de 24 journaux, tenus du grand fief de Martainneville pour une paire d'éperons dorés, ou 10 sols à la place.

1410 — Sire Jéhan d'AIGNEVILLE, Prêtre, fils de Pierre d'AIGNEVILLE, écuyer, vivait alors à Abbeville.

1435 — Registres du Ponthieu. — Monsieur Willelme d'AIGNEVILLE y comparaît au même registre. Il est dit qu'Adam d'AIGNEVILLE, fils de Gauvain d'AIGNEVILLE, qui était fils de feu Messire Jéhan d'AIGNEVILLE, Seigneur de Harcelaines-en-Vimeu, pour son fief devait au Roi, Comte de Ponthieu, six septiers en son Chastel d'Abbeville.

1437 — Guillaume d'AIGNEVILLE devient très-puissant à Martainneville par l'alliance qu'il y prend avec demoiselle Maroie Massue.

1440 — On trouve un Henry d'AIGNEVILLE, écuyer, vivant à cette époque.

1450 — Guillaume d'AIGNEVILLE, écuyer, Seigneur de Millencourt, possède des fiefs à Morival, Monchelet, Briquétoille, Andainville et au Mazis.

1460 — Vers cette époque ou à peu près vivait Claude d'AIGNEVILLE, écuyer, Seigneur du Bus, Dreux, Rogehan et Citernes en partie, guidon dans la Compagnie de Monsieur de Pont-Remy. Il fut tué à la guerre.

1471 — Pierre d'AIGNEVILLE a près de Martainneville-les-Butz un fief de 36 journaux. Il était le neveu de demoiselle Antoinette Quiéret, veuve de Sire Raoul Malicorne.

1481, 4 Avril. — Emond d'AIGNEVILLE, écuyer, Seigneur de Millencourt, épouse Mariette de Caumont, tante de Jean de Haucourt, Chevalier, Seigneur de Huppi, Capitaine et Gouverneur du Château d'Abbeville.

1485 — Emond d'AIGNEVILLE, écuyer, demeurait sur la paroisse de St-Georges à Abbeville, dans la maison des Pourcelets. Il possédait alors les fiefs des Malicorne à Millencourt par indivis avec les le Ver.

1500 — Antoine d'AIGNEVILLE, écuyer, Seigneur de Dreuil, ne laisse qu'une fille de Jeanne de le Warde, sa femme.

1515 — Monsieur de Dreuil possède une maison à la Croix-aux-Varlets, à Abbeville, au lieu d'Emond d'AIGNEVILLE.—En ce même temps vivait Emond de Belleval, écuyer.

1520 — Demoiselle Maroie d'AIGNEVILLE, vivant en 1520, était fille d'Antoine d'AIGNEVILLE, écuyer, Seigneur de Dreuil, et de Jeanne de le Warde.

1550 — Comparaissent à la Coutume du Boulonnais Philippe d'AIGNEVILLE, écuyer, Seigneur de Harcelaines et de Faysel, et Jacques d'AIGNEVILLE. écuyer, Seigneur de Hallebert.

1575 — Guillaume d'AIGNEVILLE, écuyer, Seigneur de Becquestoille, et Quentin d'AIGNEVILLE, écuyer, frères, comparaissent à l'arrière-ban de Ponthieu pour leurs fiefs. Jacques d'AIGNEVILLE comparaît pour son fief au Monchelet. Antoine d'AIGNEVILLE, écuyer, Seigneur de Boiville, comparaît la même année pour deux fiefs situés à Morival. Nicolas d'AIGNEVILLE, écuyer, Seigneur de Boiville, demeurant à Andainville, comparaît pour le fief de Boiville.

1618 — Nicolas d'AIGNEVILLE, écuyer, Seigneur de Boiville, demeurant à Andainville, comparaît pour ce fief. — Quentin d'AIGNEVILLE, écuyer, Seigneur de Flamermont et de Briquestoille, demeurant aussi à Andainville, comparaît pour un fief au Mazis.

1658 — Guillaume d'AIGNEVILLE, écuyer, Seigneur de Becquestoille, doit cinq sols au Roi pour ce fief sis à Andainville.

1662, 30 Avril. — Nicolas d'AIGNEVILLE, écuyer, Seigneur de Boiville, Gendarme du Roi, sert un aveu au lieu de Nicolas d'AIGNEVILLE, écuyer, son aïeul, comme petit-fils et héritier de Quentin d'AIGNEVILLE, écuyer, Seigneur de Flamermont.

AILLY.

Porte : de gueules au lion d'or, au chef échiqueté d'argent et d'azur de trois traits.

1040 — Robert d'AILLY, Seigneur d'Ailly-le-Haut-Clocher, vivait en 1040 et encore en 1090 — Il eut un fils qui s'appelait Raoul.

1381 — Hues d'AILLY, Chanoine d'Amiens, maître des requêtes, portait de gueules au lion posé d'argent.

1408 — A cette époque vivait Sarrazin d'AILLY, Seigneur du Quesnoy.

1414 — Hutin d'AILLY, vivant noblement à Abbeville, dans la maison voisine de celle de Monsieur de la Garde, avait pour chapelain Messire Jehan le Febvre.

1440 — Jean d'AILLY, fils de Mathieu d'AILLY, dit Sarrazin. Sénéchal du Ponthieu, Capitaine d'Abbeville sous Charles VI, se battit en combat singulier avec Guillaume-le-Jeune dit Contay.

1507 — Charles d'AILLY, Vidame, Seigneur de la Broye, comparaît dans l'ancienne Coutume d'Amiens.

1550 — Louis d'AILLY, écuyer, Baron de Banquetin, comparaît à la Coutume du Boulonnais.

1567 — Jacques d'AILLY, écuyer, Seigneur d'Ygnamont, comparaît à la Coutume de Péronne.

1575 Claude d'AILLY, l'un des cent gentilshommes de la maison du Roi, comparaît pour un fief à Conchy et à Waben.

1575 — Emmanuel d'AILLY est dit posséder Emonville, Fressenneville, Saigneville, et le fief Heudaine à Noyelles, de 50 livres de censives.

1585 — Jéhan d'AILLY possède le fief Soiron, au lieu de Mahieu Tillette, fils de Louis Tillette.

1618 — Louis et Charles d'AILLY comparaissent au rang des fieffés.

1664 — Antoine d'AILLY, Seigneur de Tilloloy, demeurant à Neuville, près St-Valery, portait pour armes : de gueules au lion d'or, au chef échiqueté d'argent et d'azur de trois traits, parti d'or à trois fasces dentelées de gueules, qui est Rambures-Poireauville.

ALLIEL.

Porte :

1288 — Jéhan d'ALLIEL était à cette époque homme-lige à Rue.

1312 — Thomas d'ALLIEL possède du bien à Drucat.

1350 — Messire Bernard d'ALLIEL demeure au Mesnil Donqueure.

1384 — Mahieu d'ALLIEL demeure à Alliel. — Hues d'ALLIEL, écuyer, habite à Crécy.

1404 — Gilles d'Alliel et Allart d'Alliel étaient sergents en 1404. Allart était fils de Gilles : ils portaient tous deux les mêmes armes dans leurs sceaux.

1411 — Pierre d'Alliel a pour femme Jeanne le Potière.

1447 — Fremin d'Alliel tient un fief de Domart.

AINVAL.

Porte : d'argent au chef emmanché de gueules, à la bande d'azur, accompagnée de deux cotices de même brochant sur le tout.

1219 — Pierre d'Ainval habitait en 1219 le village de Frucourt en Vimeu.

AMERVAL.

Porte : d'argent à trois tourteaux de gueules.

1370 — Climenche d'Amerval, femme de Courageux d'Ault, fils de Robart d'Ault, est citée dans les registres du Ponthieu pour du bien à Wailly près de Nibas.

1441 — Jéhan d'Amerval demeurant à Abbeville, paroisse de St.-Jacques, paya 6 sols.

1530 — Jean d'Amerval, écuyer, demeurait à Abbeville, dans la rue du Rivage, dans une maison qui provenait de feu Claude de Wierre, Seigneur de Maison-en-Ponthieu, dont il avait épousé la fille, Anne de Wierre.

1534 — Nicolas Le Febvre, bailly de la terre et seigneurie de Villers-sur-Ailly pour noble Seigneur Jéhan d'Amerval, Seigneur d'Achevillers et dudit Villers. Wlfran Boistel étant lieutenant dudit Villers, fait savoir que Maroie Bouly, veuve de Pierre Bélart de Famechon, vend pour 38ˡ 13ˢ à Pierre Blottefierre, écuyer, Seigneur de Willencourt, deux journeaux et demi de terre, et qu'elle a payé les droits seigneuriaux, deux écus soleil, à Abbeville, à Jean d'Amerval, frère du susdit Seigneur, qui avait procuration de lui.

1556 — Pierre d'AMERVAL. écuyer, Seigneur de Maison-Ponthieu, puis de Nolette, habitait à Abbeville sur la paroisse de St.-Georges du Rivage. Il est déclaré posséder sur la paroisse de St.-Jacques quelques maisons que ses descendants gardèrent longtemps.

1567 — Dans la coutume de Péronne on trouve Messire Simon d'AMERVAL, Chevalier, Seigneur d'Assevilliers, Fins et Villers-Carbonel; on y voit qu'Antoine de Gourlay et sa femme, Adrienne de Maussas, étaient tuteurs des enfants d'Antoine d'AMERVAL, Seigneur de Liancourt. Adrien d'AMERVAL, écuyer, y est dit tuteur de Louise d'Argies et comparaît pour la terre de Devise de Banicourt, du Mont Notre-Dame.

1575 — Simon d'AMERVAL, écuyer, Seigneur d'Assevilliers, Villers-Carbonel, Villers-sous-Ailly et Faisne, comparaît à l'arrière-ban du Ponthieu pour trois fiefs sis à Villers-sur-Authie.

1580 — Messire Jean Le Devin possède, au lieu de Pierre d'AMERVAL, du bien sur la paroisse de St.-Gilles d'Abbeville.

1600 — Jacques d'AMERVAL, écuyer, Seigneur de Maison-Ponthieu et de Nolette, sert en qualité d'homme d'armes dans la compagnie de M. de Rubempré.

1622 — François d'AMERVAL, écuyer, Seigneur de Montigny par adjudication par décret sur les enfants et héritiers de Louis Blondel, écuyer, Seigneur du Fresnes, doit au Roi, comme Comte de Ponthieu, 12 sols 6 deniers et des éperons dorés en reconnaissance de la seigneurie de Fresnes. Il demeurait à Woignarue. Il a payé cette censive jusqu'en 1637, époque à laquelle Claude d'AMERVAL, son fils, lui succéda.

1637 — Hyppolyte d'AMERVAL, veuve de Charles le Comte, écuyer, Seigneur de St.-Jean des Maretz-les-Rue, de Notre-Dame de Beauvoir et du Tarteron, est tutrice de son fils, Geffroy le Comte, écuyer.

1638 — François d'AMERVAL, écuyer, Seigneur de Maison et de Nolette, traite avec demoiselle Barbe le Bel pour du bien au petit port. Il a acheté son fief de Nolette de Jean Charbonneau, écuyer, sieur de Franclieu.

1688 — Philippe d'AMERVAL, écuyer, Seigneur d'Assevilliers, demeure à Dargni en Vimeu, il a aussi un peu de bien à Bouvincourt et vers Péronne. Il avait fiancé une de ses filles au sieur de Lisques, en 1701, mais le mariage n'eut pas lieu.

AMIENS.

Porte : de gueules à trois chevrons de vair.

1222 — On trouve un Alermus de Ambianis, Seigneur de l'Estoile en 1222.

1244 — Thibaut d'Amiens, Chevalier, demeure à Buires, et Bernard d'Amiens, Chevalier, demeure à Rigauville.

1280 — Pierre d'Amiens, Chevalier, donne à l'hôtel-Dieu d'Amiens un fief sis à Renauville.

1406 — On trouve en 1406 un Jean d'Amiens, moine à St.-Pierre d'Abbeville.

1447 — Mgr le Vidame d'Amiens, homme-lige de Domart à cause de Longuet, paya 36 sols pour n'avoir pas assisté aux plaids.

1575 — Messire Jean d'Amiens, Chevalier, Seigneur de Bachimont et de la Boissière, au lieu de Jean de la Mare.

AOUST.

Porte : de sable à trois gerbes d'or.

1303 — Freminet d'Aoust, homme-lige de Noyelles, habite Aoust : il est mentionné dans le cartulaire de ce chapitre. — On croit que cette maison d'Aoust tire son nom du village d'Aoust, situé auprès d'Eu.

1384 — On trouve au Crotoy à cette époque un Riquart d'Aoust, mari de demoiselle Lynot de Fescamp, et héritier de Maroie Dominus.

1423 — Guillaume d'Aoust, paroissien de Ste-Catherine, est inhumé contre la colonne du chapitre de St.-Wlfran par les frères de l'hôpital.

1465 — Jacques d'Aoust, écuyer, comparaît à l'arrière-ban.

1466 — Jacques d'Aoust, écuyer, procureur fiscal, est habillé de neuf aux deux couleurs de la ville d'Abbeville, bleu et tanné, mais en velours, pour le distinguer des sergents. — Ce Jacques avait épousé, avant 1434, une demoiselle Marguerite Cornu.

1466 — 5 mai. — Jacques d'Aoust, écuyer, est fait procureur fiscal par le décès de Jean de Blottefière, mort le 5 mai 1466.

1470 — Jeannin d'Aoust a du bien à Sallenelles.

1486 — Jacques d'Aoust, écuyer, Seigneur de St.-Aubin, bailly d'Abbeville après Thierry de Lisques, et commis à l'exercice de la sénéchaussée du Ponthieu, demeurait au dit Abbeville sur la paroisse de St.-Gilles Il paya 40 sols comme fort riche.

1496 — Eustache d'Aoust, écuyer, est conseiller et bailly d'Abbeville.

1500 — Un frère d'Eustache d'Aoust, le bailly, fut alors très-en évidence à Abbeville : c'était Jean d'Aoust, écuyer, qui épousa une demoiselle le Normant de Mérélessart. Ses armes étaient placées en plusieurs endroits dans l'église Sainte-Catherine, à un banc contre le clocher, dans le chœur, et au clocher, en haut et en bas ; elles étaient chargées d'une bordure denchée, comme brisure de cadet : il fut Bienfaiteur de plusieurs églises : il demeurait à Abbeville, en face du presbytère qui était à côté de l'église Sainte-Catherine, dans une maison qui venait de la famille Cornu.

1509 — Eustache d'Aoust, écuyer, Conseiller du Roi et bailly d'Abbeville, est nommé commissaire, avec Sire Charles des Escharts, écuyer, lieutenant des Morte-payes du château d'Abbeville, pour arranger une querelle qui s'était élevée entre Jean Gaillard, fils de Sandrin, meunier du château, et les officiers dudit château, au sujet des bornes de son jardin.

1514 — Messire Jacques d'Aoust, écuyer, bailly d'Abbeville, harangue le Roi Louis XII et assiste au mariage de ce prince avec Marie d'Angleterre dans l'église de St.-Georges d'Abbeville.

1517 — Jacques d'Aoust, bailly d'Abbeville reçoit le testament de Jean Journe, écuyer, Seigneur de Martainneville. C'est dans ce testament qu'on parle d'E-mondin de Belleval, écuyer, qui possédait alors tant de biens à Hocquélus.

1550 — Jacques d'Aoust, écuyer, comparaît pour ses fiefs de Francières et de Neuville sous St.-Riquier.

1550 — Maître Louis d'Aoust, Chanoine trésorier de St.-Vulfran, acquitte les messes de l'échevinage par moitié avec sire Philippe Gridaine.

1569 — Sire Jacques d'Aoust, écuyer, Seigneur de St.-Aubin, de Francières, Neuville-sous-St.-Riquier, Roquemont, Genvillers, Haussoy, Bonaffles, etc... né vers 1519, est député par la noblesse aux états de Ponthieu, avec Nicolas Rumet, comme noble très-distingué.

1570 — Louis d'Aoust, écuyer, Seigneur, Vicomte et Pair de la Queute, Francières, St.-Aubin, Genvillers, Roquemont, Bulleux, Franqueville, Neuville-sous-St.-Riquier, Haussoy et Bonaffles, habitant sur la paroisse de Notre-Dame-du-

3.

Chatel, à Abbeville, paye 6 livres. On voyait ses armes et celles de demoiselle N. Quiéret, son épouse, noble et riche héritière, sur une vitre de cette église.

1575 — Demoiselle Catherine d'Aoust possédait neuf fiefs à La Broye.

1575 — Sire Jacques d'Aoust, écuyer, Seigneur de Francières, Neuville-sous-St - Riquier, Roquemont, Genvillers, Haussoy et Bonafiles, comparaît pour son fief de Genvillers et pour trois fiefs à Francières nommés les fiefs de Francières, de la Barre et de Barraquin.

1575 — Demoiselle Marie d'Aoust comparaît pour ses fiefs à Domvast et à Beaucamp-le-Vieil.

1580 — Jacques d'Aoust, écuyer, Seigneur de Francières, et Louis d'Aoust, écuyer, Seigneur de Francières et de Neuville, héritiers de Jacques d'Aoust, possèdent une maison dite l'Hôtel de Neuville, dans la rue Notre-Dame-du-Chatel, à Abbeville.

1581 — Sire Jacques d'Aoust, écuyer, Seigneur de St.-Aubin, de Francières, Neuville-sous-St.-Riquier, Roquemont, Genvillers, Haussoy et Bonafiles, est le premier des gentilshommes qui donnèrent leurs témoignages pour faire recevoir Chevalier de Malte, Antoine de Belloy-Rogehan.

1583 — Dame Marie d'Aoust, veuve de Thomas du Souich, sieur de la Ferrière, est substituée aux droits de noble homme Jacques d'Aoust, Bailly d'Abbeville. — L'Hôtel-de-Ville d'Abbeville lui devait des droits d'aumône et une paire de souliers.

1617 — Pierre d'Aoust, écuyer, fils de Louis d'Aoust, écuyer, Seigneur, Vicomte et Pair de la Queute, tua son frère utérin de cinquante-deux coups de poignard. Il fut décapité en 1617.

1643 — Vivaient à Amiens Charles d'Aoust, écuyer, Seigneur de Francières, Claude d'Aoust, Seigneur de la Queute, et Françoise et Marie d'Aoust, leurs sœurs. Ils ne possédaient plus que Haussoy, terre près d'Aumale, sur laquelle même ils devaient encore 2000 livres aux Jésuites d'Amiens.

APPLAINCOURT.

Porte : d'azur à la croix d'argent chargée de cinq croissants de gueules.

1100 — Raymond de APPLAINCOURT, Sire dudit lieu et de Boiville, était connu à cette époque en Ponthieu.

ARDRES.

Porte : d'azur au chevron d'or accompagné de trois glands de même.

1065 — Vivait alors Arnoul, Seigneur d'ARDRES, Sénéchal du Boulonnais, et avoué de l'abbaye de St.-Bertin.

1309 — Robert d'ARDRES, écuyer, est porté cette année sur le livre rouge de Rue.

1524 — Maître Antoine d'ARDRES, licentié-ès-lois, quelquefois qualifié écuyer, paraît au rang des fieffés en 1524. Il est fils d'autre Antoine d'ARDRES, licentié-ès-lois, et d'Anne de Calonne, demoiselle de Feuquerolles.

1550 — Messire Flour d'ARDRES, Sire Baron de Cresecques, Seigneur de Lincheux. Chevalier, est capitaine du Château d'Abbeville.

1575 — Charles d'ARDRES, homme d'armes dans la Compagnie de M. de Rubempré, comparaît pour un fief à Franleu. Il a fondé un obit à St.-Vulfran. Il a toujours pris le titre d'écuyer, et Seigneur de Feuquerolles.

ARGIES.

Porte : d'or à l'orle de merlettes de sable.

1567 — Anne de Blécourt, veuve de Charles d'ARGIES, écuyer, Seigneur de Tincourt, et Louise d'ARGIES, dame de Vise, pupille d'Adrien d'Amerval . comparaissent à la coutume de Péronne.

ARGNIES.

Porte :

1380 — Messire Jean Bournel, Chevalier, et Madame Jeanne d'ARGNIES, sa femme, fille et héritière de Jean d'ARGNIES, écuyer, ont du bien à Épagne.

1390 — Pierre et Cazin d'ARGNIES habitant à Rue.

1482 — Jeanne d'ARGNIES, veuve de Noël Labite, et Denise d'ARGNIES, veuve de Jean de Renty, toutes deux filles de Jean d'ARGNIES, habitent à Crécy.

1484 — Jean d'ARGNIES vend du bien qu'il a à Crécy à Galois de St.-Rémy.

1550 — Jéhan Blottefière est procureur, à Crécy, de Jean d'ARGNIES et de Guillaume de Wavrans.

1540 — Jean d'ARGNIES a du bien à Bayencourt.

ARREST.

Porte : d'argent au lion de gueules, armé et lampassé de sable.

1281 — A Rue grosse affaire entre Jouan d'ARREST et Souplis de la Salle.

1285 —Jouan d'ARRECH est arrêté à Rue par le prévôt de St.-Riquier et conduit à Biaukaisne.

1298 — Joan d'ARREST et Rigarine, sa femme, vendent à Enguerran de Here une pièce de terre à Hère.

1317 — Jéhan d'ARREST le père et Jéhan d'ARREST le fils ont du bien à Martainneville.

1377 — Jean et Clémenche d'ARREST ont du bien à Mautort.

1442 — Mahieu d'ARREST et sa femme prêtent de l'argent pour le siège de Rue.

1442 — Mahieu d'ARREST porte une plainte contre Guillaume Bournel, capitaine de Rue et ses gens, parce qu'ils lui ont enlevé des moutons à la porte du Bos.

AULT.

Porte : écartelé : au 1er, d'azur à la croix ancrée d'or accompagnée de quatre croissants d'argent ; au 2me, à cinq points d'azur équipolés à quatre d'argent ; au 3me, d'or à trois chevrons de gueules ; au 4me, d'argent à la croix de gueules.

1369 — Guérard d'AULT, le premier de cette famille qu'on connaisse, est prévôt du Vimeu.

1374 — Mahieu d'AULT possède un grand fief à Houdencq et est Seigneur dudit lieu.

1377 — Robace d'AULT et Jean d'AULT possèdent à Cahon des fiefs tenus du comte de Dreux.

1435 — Hues d'AULT, écuyer et lieutenant-général de Monseigneur le Bailly d'Amiens, et Messire Philippe de Saveuse, Chevalier, comparaissent ensemble dans un acte.

AUMALE.

Porte : d'argent à la bande de gueules chargée de trois besants d'or.

1374 — Raoul d'AUMPMALLE a du bien à Boismont et à Braietel.

1374 — Bernard le Guyenot possède au Crotoy un fief qu'il tient de Madame d'AUMALE.

1400 — Messire Jacques d'Harcourt est substitué à Madame d'AUMALE pour le fief d'Olehaing et pour un fief au Crotoy.

1567 — Nicolas d'AUMALE , écuyer, Seigneur de Courtemanche , comparaît à la coutume de Péronne.

AUXI.

Porte : échiqueté d'or et de gueules.

1411 — Monseigneur Philippe d'AUXY, Seigneur de Dompierre et d'Escouy, Chambellan du Roi, était capitaine d'Abbeville en 1411.

1417 — Par le registre de la Berie d'Auxy dressé en 1417, li Sire d'AUXY a droit et usage ancien que quand un forain prend femme à Auxy, il doit, s'il veut couchier avez elle, en demander congié au Seigneur ou à ses officiers à peine de 60 solz.

1465 — Monseigneur Jean d'AUXY, Chevalier, est Sénéchal et capitaine d'Abbeville, en 1465.

1481 — Colart d'AUXY, est Seigneur de Maizicourt-en-Ponthieu , avant les Seigneurs de Bailleul.

1494, 12 Octobre. — Isabeau d'AUXY, fille unique de Thomas d'AUXY et de Jeanne de Parenty, épouse Pierre de Bommy, d'Abbeville.

1567 — Messire Antoine d'Auxy, Chevalier, Seigneur de la Tour Brunetel, et Jacques d'Auxy, écuyer, Seigneur de Beaufort, comparaissent à la coutume de Péronne.

1575 — Artus d'Auxy, sieur de la Tour, comparaît pour le fief des Cent Lions d'or, sis à Fontaine-sur-Somme. Il est déclaré demeurer à Péronne.

AVISSE.

Porte :

1445 — Jéhan Adviche, écuyer, est dit dans un titre Seigneur de la ville de Franleu en partie et de la ville du Maisnil.

1475 — « Je Pierre Adviche, écuier, Seigneur du Maisnil, Maisniel, Franleux, Andainville, ainsi qu'estoient Jehan Adviche, men père, et Jehan Adviche, men grand-père, escuyers et Seigneurs de ces mêmes lieux de Franleux et du Maisnil que j'adveüe tenir de très-hault et très-honoré Seigneur Jehan de Meleun, Chevalier, Seigneur d'Antoing, Domvast et Boubers.... » — Beau titre. — On y lit, parmi les noms de ses tenanciers, ceux des Truffier, des Cannessons, des Du Quesnoy, des Le Boucher, des Beauvarlet, etc....

1480 — Mahieu Avisse, écuyer, Seigneur du Maisnil et de Franleu, fils de Pierre Avisse, déclare ses fiefs; Pierre d'Alongeville en était le Bailly.

1532 — Maître Jéhan Avisse, écuyer, Mahieu Avisse, écuyer, son frère, et Pierre Avisse, écuyer, fils dudit Mahieu, Seigneurs en partie de Franleux et du Maisnil, prennent 250 livres en rente sur Robert Canu.

1548 — Maître Jéhan Avisse, écuyer, licentié-ès-lois, vend la Seigneurie de Franleux, en 1548, à Maître Antoine Tıllette.

1558 — Jacques Avisse, écuyer, capitaine du guet, à Abbeville, allié à demoiselle Jeanne Briet, fille de Jean Briet, écuyer, Seigneur du Haussoy et de Mautort. vendent leurs fiefs et biens à Mautort, à Maître Antoine Tillette.

1584 — Claude Avisse, écuyer, Capitaine du Guet, se défait de sa charge en faveur de Nicolas Lourdel. Il vend le reste de ses fiefs et biens à Mautort, à Pierre Tillette.

AZINCOURT.

Porte : d'argent à une aigle de gueules éployée , à deux têtes , membrée d'azur.

1414 — Mahieu d'AZINCOURT, demeurant à Abbeville, avait de gros équipages, à ce que dit un procès-verbal criminel où on lit qu'il avait trois serviteurs nommés Aymard Efflard, Jéhan Patoul, et Guillaume le Borgne.

1447 — Au compte de la recette de Domart, on lit : « Je, Barthelomieu Machecrie, j'ay reçeu de Jéhan d'Asgincourt pour des chens à cause de demisielle de Wargnies, sa femme, pair et demy-pair à cause de sa vicomté de Domart, et encor pair et demy à cause de Vauchelles et de Bourdon, pour tout quoy doit trois septiers, trois pains et trois cappons. Condamné aussi à l'amende de 50 solz, pour ne s'estre trouvez aux plaids à cause de ses trois pairries. »

TRÉSOR GÉNÉALOGIQUE

DE

LA PICARDIE

OU

RECUEIL DE DOCUMENTS INÉDITS

SUR

LA NOBLESSE DE CETTE PROVINCE,

PAR

UN GENTILHOMME PICARD.

———❦———

TOME PREMIER.

2ᵉ Livraison.

———❦———

AMIENS,

Typographie de V.ᵉ HERMENT, Imprimeur-Libraire, place Périgord, 3.

1859.

B.

BACOUEL.

Porte : d'or à trois ancolies d'azur.

1364 — Wiar de Pas, Seigneur de Feuquières, avait déjà épousé, à cette époque, Catherine de BACOUEL.

1374 — Robert de BACOUEL possède du bien à Martainneville.

1400 — Andrieu de BACOUEL, un des deux vavasseurs de Rouvroy-Souès, possédait alors le fief et le bois de Bonnelle.

1421 — Guillebert de BACOUEL. qui possède un moulin sur le pont de Talance, prête de l'argent à la ville d'Abbeville pour le siége de St-Valery.

1440 — Valeran de BACOUEL, Seigneur de Bacouel, épouse la fille unique de Guy d'Auxy, Sire de Lully et de Monchaux.

1460 — Robin de BACOUEL, fils de Guillebert de BACOUEL le jeune, comparait au lieu de Robin le Ver, pour une fondation dans l'église du St-Sépulcre d'Abbeville, et pour la propriété d'une maison sise à la Portelette.

1507 — Lancelot de BACOUEL, écuyer, homme-lige de la Ferté pour son fief de Bray, est cité dans une coutume locale de l'an 1507.

1512 — Maître Antoine de BACOUEL, Chanoine de St-Vulfran d'Abbeville, prend possession de la cure de Fontaine-sur-Somme, et Philibert de BACOUEL prend possession de la chapelle de Ste-Barbe, au cimetière de Wavans.

1512 — Pardevant Lancelot de BACOUEL, écuyer, receveur-général du Ponthieu pour le roi Louis XII, est passé le contrat de mariage de Galliot Carpentin qui était son commis.

4.

1517 — Jehan de BACOUEL, écuyer, est procureur de Jeannot de Bristel, son filleul, qui hérite de la seigneurie de Martainneville.

1540 — Jean de BACOUEL, écuyer, et Philippe de BACOUEL, écuyer, son cousin-germain, présentent les fiefs du Pléchier (Plessiel?) et de Sailly-le-Sec.

1550 — Philippe de BACOUEL, écuyer, Seigneur d'Inval, receveur des tailles et aides du Ponthieu, et Françoise de Belloy, sa femme, sont représentés sur les vitraux de l'église de Ste-Catherine d'Abbeville, avec leurs patrons, St. Philippe et St. François.

1557 — Adrien de BACOUEL qui comparaît à l'arrière-ban, à Amiens, est qualifié écuyer.

1573 — Antoine de BACOUEL, écuyer, Seigneur de Sailly-Bray, Berne et Bienfay, comparaît pour ces trois fiefs, et pour le bois de Frucourt et le bois de Puchot, ce dernier sis à Mareuil.

1575 — François de BACOUEL, écuyer, Seigneur de Lanchères, déclare plusieurs fiefs assis à Ailly-le-Haut-Clocher, où il a entre autres choses une ferme de 150 journaux.

1575 — Lancelot de BACOUEL, écuyer, Seigneur d'Inval, comparaît pour Inval en 1575.

1589 — Lancelot de BACOUEL, écuyer, Seigneur d'Inval, receveur des tailles et aides pour le Ponthieu, fut privé de sa charge parce qu'il tenait pour le roi Henri IV, et celle-ci fut donnée à Alexandre Gaillard, ligueur.

1590 — Antoine de BACOUEL, écuyer, Seigneur de Guébenfay, Sailly et Moyenneville, tient sa seigneurie de Guébenfay d'Antoine de BACOUEL, écuyer, Seigneur d'Inval, à cause de sa vicomté de Saigneville. Il tient aussi de lui des fiefs à Moyenneville.

BALLEN.

Porte : de gueules au chevron d'or accompagné de trois trèfles de même.

1550 — Jehan BALLEN, le père, demeurant à Abbeville, déclare posséder deux fiefs nobles à Gamaches, un fief noble à Laviers, et un fief noble à Heuchies. — Jéhan BALLEN, le fils, écuyer, Seigneur du Titre, licencié-ès-lois, garde du scel royal et avocat en Ponthieu, déclare aussi ses fiefs nobles, un au Titre

tenu de Wiry, un à Gorenflos nommé le fief de Bersacles, à cause de demoiselle Marie-Jeanne Briet, sa femme

1555 — Jean BALLEN. fils de Jean BALLEN et de Marie Briet, demeure à Abbeville.
vis-à-vis le grand portail de l'église Ste-Catherine.

1569 — Louis de BALLEN, écuyer, Seigneur du Titre, qui avait épousé Madeleine
de Blottefière, fut déclaré soupçonné d'hérésie par le curé et les marguilliers
de Ste-Catherine, dans un procès-verbal dressé pour reconnaître les huguenots
dans chaque paroisse.

1575 — Jacques de BALLEN, écuyer, fils de François de BALLEN, écuyer, Seigneur
du Titre en partie, avait un fief à Huppy, en 1575.

1587 — Louis de BALLEN, écuyer, fils de Jean de BALLEN, dit du Titre, qui avait
du bien à Menchecourt, vend ce bien à Maître Jéhan le Sergeant.

LE BASTIER.

Porte : d'argent au chevron d'azur accompagné de trois roses de gueules
boutonnées d'or.

1539 — Pierre LE BASTIER, Seigneur de Boutavant et de Graincourt, comparaît aux
coutumes de Senlis et de Clermont.

1635 — Messieurs LE BASTIER sont déchargés comme nobles de la taxe des francs-fiefs.

BAYNAST.

Porte : d'or au chevron abaissé de gueules surmonté de trois fasces de même.

1370 — Vincent de BAYNAST possède, ainsi que Regnault Becquet, un fief à Neuilly-
l'Hôpital.

1380 — Jean de BAYNAST a du bien au Crotoy.

1400 — Robert de BAYNAST, Seigneur de Houppilières et d'Applaincourt, épouse
Jeanne Boutery, fille de Messire Jean Boutery, Chevalier, Seigneur de Huppy.

1404 — Jean de BAYNAST, dit Brunet, fils de Jacques de BAYNAST, tue Dronet Grosse : on lui intente un procès criminel.

1408 — Lionel de BAYNAST, écuyer, demeure à Applaincourt, près Oisemont.

1408 — Aléaume de BAYNAST, écuyer, Seigneur d'Applaincourt, tient de Hallencourt 124 journaux de terre en fief.

1418 — Aléaume de BAYNAST, Chevalier, Seigneur de Huppy en partie, vivait noblement à Abbeville.

1441 — Henry de BAYNAST, sergent d'armes du Roi, a été fort renommé à Abbeville pendant longtemps. Il demeurait sur la paroisse de Ste-Catherine. En 1441, il paya 2 sols comme fieffé.

1465 — Jéhan de BAYNAST, fieffé, paye 16 sols pour l'arrière-ban.

1476 — Le fief d'Applaincourt appartient à Maître Jéhan de BAYNAST. Celui-ci qui, dit-il, n'est point résident dans le pays, laisse le soin de le déclarer à son frère Valeran qui en donne aveu.

1517 — Jéhan de BAYNAST possédait alors de gros biens à Baynast et aux Alleux.

1524 — Valeran de BAYNAST comparaît au rang des nobles à Abbeville et paye 6 livres.

1615 — On n'avait pas vu de BAYNAST à Abbeville pendant 70 ans, depuis 1560. En 1615, le sieur de BAYNAST, gentilhomme d'auprès de Calais, fils de M. de BAYNAST et de dame de Favier du Boulay, dame de Sept-Fontaines, vint y épouser Antoinette-Françoise le Bel.

1665 — Messire Honoré de BAYNAST comparaît comme homme-lige de Nouvion.

BEAUSSAULT.

Porte :

1407 — Messires Mahieu et Oranglois de BEAUSSAULT ont obtenu un relief pour le moulin du Roi, à Abbeville.

1451 — Oranglois de BEAUSSAULT a son hôtel, à Abbeville, rue St-Gilles, vis-à-vis la « Grange aux Canoines. »

BEAUVARLET.

Porte : de sable à une fasce d'argent, accompagnée en chef de deux étoiles d'or,
et en pointe d'un croissant d'argent.

1330 — On trouve à cette époque un Hues BIAUVALLET, à Waben.

1390 — Berthelemieu de BEAUVARLET, chanoine de Noyelles, né à Abbeville, vivait encore en 1390.

1420 — Jean de BEAUVARLET habitait Franleux où il avait beaucoup de biens.

1450, 3 Novembre. — Mathieu de BEAUVARLET, secrétaire du roi Charles VII, et receveur de ses finances, fut présent à l'hommage que Pierre, Duc de Bretagne, fit au Roi au château de Montbazon.

1647, 15 Janvier. — Pierre de BEAUVARLET, écuyer, Seigneur de Villers-sous-Ailly, signe avec Jean, son père, la cession de la seigneurie d'Ailly qui leur appartenait par indivis avec M. le Boucher.

BECQUET.

Porte : d'azur à trois tours d'or fendues.

1377 — Bernard BECQUET, Guillot BECQUET et Jean BECQUET possèdent tous trois un fief à Cahon.

1377 — Guillaume BECQUET et Jean Broutin sont tous deux seigneurs de Boiville.

1388 — Thibaut BEKET, écuyer, fut maire de Beauvais pendant huit années consécutives, jusqu'en 1388. Il eut pour successeur Simon le Bastier, écuyer.

1400 — Edmond BECQUET, écuyer, est Seigneur du Plouy et d'Erveloy. Thomas et Jean BECQUET ont à la même époque un fief à Martainneville.

1457 — « Demisielle Jéhanne, femme de Jakemert BECQUET, puissant en fond à Martinneville » titre de 1457.

1500 — Jean BECQUET, écuyer, est Seigneur du Plouy.

1517 — Guillaume BECQUET possède un fief et de gros biens aux Alleux.

1517 — Mahieu BECQUET possède un fief à Martainneville et à Erveloy.

1575 — Gallois Becquet a un fief à Frettemeule. Jean Becquet a les fiefs Cormont et autres à Fontaines-sur-Somme

—⟐⟐⟐—

LE BEL.

Porte : d'azur au chevron d'or chargé de trois roses de gueules boutonnées d'or, et accompagné de trois mollettes d'éperon aussi d'or.

———

1530 — Pierre LE BEL, écuyer, Seigneur de Sailly, Fresnoy, et du fief de l'Image-Notre-Dame, fait hommage au Roi.

1540 — Jean LE BEL, homme d'armes, prenait alors la qualité d'écuyer.

1550 — Philippe LE BEL, écuyer, Seigneur de Sailly et de Fresnoy, fait hommage au Roi.

1559 — Jehan LE BEL, Seigneur du Maisnil, Huchenneville, argentier d'Abbeville, paye 62 livres à Pierre de la Fresnoye, écuyer, pour ses gages de Mayeur.

1573 — Michel et Adrien LE BEL, Seigneurs de Wivrench et de Monchaux, sont hommes-liges de Waurens.

1575 — Nicolas LE BEL, écuyer, Seigneur de Canchy, Noiron, la Motte-Buleux et Bournel, comparaît pour ses fiefs.

1581 — Nicolas LE BEL, Bailly de Liomer et de Brocourt, y a de gros biens.

1618 — Oudart LE BEL, écuyer, Seigneur de Bournel, (fief à Crécy tenu du Roi). de Maisnil-en-Cauchy, et de Noiron, comparaît pour ses fiefs.

—⟐⟐⟐—

BELLANGREVILLE.

Porte : d'azur à la croix d'or cantonnée de quatre mollettes de même.

———

1380 — « Vieil titre. Bien à Trenquie, à Tiéphaine d'Eu, puis à Wistache de Bé-RENGUEVILLE. »

1510 — Guillaume de BELLANGREVILLE, écuyer, est lieutenant d'Airaines et d'Arguel.

1513 — Jean de BELLANGREVILLE possède beaucoup de biens aux Alleux.

1527 — Guillaume de BELLANGREVILLE, écuyer, Seigneur de Fresnoy, Conseiller du Roi et lieutenant du Bailly d'Airaines et d'Arguel, comparaît dans une sentence.

1530 — Thierry Massue et Guillaume de BELLANGREVILLE possède une maison à Abbeville, sur la paroisse de St-Vulfran-en-Chaussée, au lieu de Jean Massue, leur grand-père.

1575 — Antoine et Jean de BELLANGREVILLE comparaissent pour leur seigneurie de Fresnoy.

1595, 4 Août. — Antoine de BELLANGREVILLE, écuyer, Seigneur de Fresnoy. relève cette seigneurie, comme fils unique de Jean de BELLANGREVILLE, écuyer, Seigneur de Fresnoy.

1618 — Jean de BELLANGREVILLE, Seigneur de Fresnoy, tient le château de Mons en fief noble.

1660 — Messire Nicolas de BELLANGREVILLE, fils d'Antoine de BELLANGREVILLE et de Marie de Fontaines, après avoir été longtemps Lieutenant-Général des armées du Roi, se fit ecclésiastique, et vivait abbé commandataire de l'abbaye du Tréport, en 1660.

1660 — Antoine de BELLANGREVILLE, Seigneur de Fresnoy, et dame Marie de Fontaines, son épouse, vendent leur seigneurie de Fresnoy à Sanson Ternisien.

BELLEVAL.

Porte : de gueules à la bande d'or accompagnée de sept croix potencées dites de Jérusalem, de même, quatre en chef et trois en pointe.

1185 — Gauthier de BELLEVAL signe, en qualité de témoin, une charte par laquelle Ursio, abbé de St-Riquier, concède à Lambert. meunier, le moulin d'Ostrenancourt, et il y appose son sceau.

1266 — Hugues de Brimeu, Chevalier, a acheté avant 1266, à Adam de BELLEVAL et à son fils, un fief dépendant de la seigneurie de Belleval, sise elle-même sur le territoire de Huppy-en-Vimeu.

1343, 26 Décembre. — Jéhan de BELLEVAL, Chevalier, sert à Pierre d'Allouenges. abbé de St-Riquier, un aveu des fiefs, terres et manoirs sis à Huppy, qu'il tenait de ladite abbaye.

1383 — Jéhan de BELLEVAL, écuyer, Seigneur de Belleval, est banni du royaume à perpétuité, par ordre du roi Charles VI, et toutes ses seigneuries et manoirs sont confisqués au profit de l'abbaye de St-Riquier.

1415 — Haudin de BELLEVAL, Chevalier, est tué à la bataille d'Azincourt. Jehan de BELLEVAL, fils dudit Haudin et de Maroie Carue, s'allia en Normandie à Jehanne de Crespin; c'est de lui que descend le Marquis de BELLEVAL d'aujourd'hui, mousquetaire du Roi, qui a des titres jusqu'à Haudin.

1416 — Jéhan de BELLEVAL, écuyer, Seigneur de Belleval, de Marfarville et de Thibouville, rachète à Jéhan d'Acheu et Anne de Chatillon, sa femme, la terre et seigneurie de Belleval, sise à Huppy, moyennant huit cents florins de France.

1422 — Wistache de BELLEVAL vend à Jéhan le Roy, auteur des Seigneurs de St-Lau, une maison qu'il possédait sur la paroisse Ste-Catherine, à Abbeville.

1429, 11 Février. — Jean de BEAVAL (sic), écuyer, Seigneur d'Essartiaux, donne quittance de 36 mines de blé, de 36 mines d'avoine, 6 mines de pois et 1 mine de vesche, que les religieux de l'abbaye du Gard lui doivent chaque année sur leur maison de Meneuviller. — Scellé d'un sceau de cire rouge, qui représente un écusson penché avec un casque sur le coin, cimier et supports.

1469, 9 Juin. — Jéhan de BELLEVAL, écuyer, Seigneur de Belleval, de Marfarville et de Thibouville, sert un aveu de ses terres et seigneuries de Marfarville et de Thibouville à Louis de Bourbon, Comte de Roussillon, Seigneur de Valognes.

1495 — Gilles de BELLEVAL, si riche et si puissant à Abbeville, signe la première coutume du Ponthieu.

1538, 24 Octobre. — Jéhan de BELLEVAL, écuyer, Seigneur de Belleval, d'Aigneville et de Morival, achète de Nicolas Journe, écuyer, Seigneur de Martainneville, le fief de la prévôté d'Hellicourt.

1545, 18 Décembre. — Mathieu de BELLEVAL, écuyer, reçoit son congé de François de Monchy de Montcavrel, capitaine de 500 légionnaires de Picardie, dans lesquels ledit Mathieu commandait une bande.

1559, 30 Mars. — François de BELLEVAL, écuyer, Seigneur de Rouvroy, enseigne de 50 hommes d'armes des ordonnances du Roi, et maréchal-des-logis de la compagnie de Sénarpont, transige à propos d'un fief sis à Parenty et acquis du sieur de Journy.

1565, 18 Novembre. — Nicolas de BELLEVAL, écuyer, Seigneur de Bonnelles, demeurant à Aigneville, vend quatre quartiers de terre à Nicolas Danzel, écuyer, sieur de Boismont.

1569, 14 Mars. — Hugues de BELLEVAL, écuyer, Seigneur de Floriville, homme d'armes des ordonnances du Roi, est tué à la bataille de Jarnac.

1579, 6 Avril. — Antoine de BELLEVAL, écuyer, Seigneur d'Angerville, Longuemort et Raimesnil, donne la seigneurie de Longuemort à Pierre de BELLEVAL, Chevalier, son fils.

1597 — François de BELLEVAL, Chevalier, Seigneur et Châtelain de Longvillers, Chevalier de l'Ordre du Roi et Gentilhomme ordinaire de sa chambre, est au nombre des Seigneurs qui se distinguèrent le plus à la reprise d'Amiens.

1601, 22 Février. — Jacques de BELLEVAL, Chevalier, Seigneur de Rouvroy, Gourchon et du Val-Levret, Gentilhomme de Mgr le cardinal de Bourbon, fait un échange avec Paul de BELLEVAL, écuyer, Seigneur de la Neufville, à propos de quelques terres situées à Hocquélus.

1620, 18 Juin. — Paul de BELLEVAL, Chevalier, Seigneur de Belleval et de la Neufville, se prend de querelle à Gamaches, en suivant la procession de la Fête-Dieu, avec Nicolas Danzel, écuyer, Seigneur de Beaulieu, et le tue en duel le jour même. Pour s'être battu malgré les édits, il eut la tête tranchée peu de temps après.

1638, 18 Janvier. — François de BELLEVAL, Chevalier, Baron et Seigneur de la Neufville, acquiert la terre et seigneurie du Bois-Robin et la co-seigneurie de la ville d'Aumale, par le mariage qu'il contracte avec Dlle Geneviève de la Rue.

1708 — Messire Antoine de BELLEVAL, Chevalier, capitaine au régiment de Montauban, acquiert de la duchesse de Ventadour les seigneuries d'Eraines et de Bailleul-le-Socq où il s'établit et meurt peu après.

1745 — Victor, Chevalier de BELLEVAL, capitaine au régiment de Piennes et mousquetaire de la Garde du Roi, est tué à la bataille de Fontenoy.

1746 — Messire François de BELLEVAL, Chevalier, Marquis de Belleval et de Vignolles, capitaine au régiment du Roi, est tué à la guerre.

BELLOY.

Porte : d'argent à trois fasces de gueules.

1132 — Plusieurs Seigneurs du nom de BELLOY comparaissent à la fondation de St-Jean d'Amiens.

5.

1375 — Pierre de BELLOY, écuyer, Seigneur de la Trenquie, sert pour sa terre un aveu au Roi.

1376 — Pierre de BELLOY, écuyer, possède un gros bien à Martainneville-les-Butz.

1378, 5 Octobre. — Enguerran de BELLOY, Chevalier, avoue tenir la terre de Wivrench en commun fief du Roi et de M. l'Abbé de St-Riquier.

1380 — Un sire de BELLOY possède un fief à Vieulaines, et à la même époque un Jéhan de BELLOY tient un fief à Fontaines-sur-Somme.

1400 — Dame Anne de BELLOY vivait femme de Honoré de Cailleu.

1400 — Jean de BELLOY possède du bien à Martainneville.

1411 — Contrat de vente faite à Jean de BELLOY, écuyer, Seigneur de Belloy, Trenquie et Longuemort, d'un fief à Longuemort, par Michel Bachelier et Jeanne Billoré sa femme, fille de Robert, demeurant à Eu, et Guérard, fils de Robert Billoré, demeurant à Longuemort.

1414 — Jean de BELLOY, Maître des eaux et forêts du royaume et de Picardie, succède à Jean de Cayeu qui avait succédé à Jacques du Bos et à Guillaume du Gardin, écuyers; et il eut pour successeurs Colart d'Harcourt, Seigneur de Noyelles-sur-Mer, puis Colart du Maisnil, tous gentilshommes picards.

1440 — Jean de BELLOY était doyen de Noyelles en 1440.

1507 — Antoine de BELLOY, Chevalier, Seigneur de Belloy-St-Léonard, signe l'ancienne coutume d'Amiens.

1512 — Jean de BELLOY devait 44 sols de censives à St-Vulfran d'Abbeville, pour des terres qu'il possédait à Rainvilers.

1524 — M. de BELLOY, Seigneur de Belloy et Tronchoy, échevin d'Abbeville, paya 6 livres.

1528, 15 Janvier. — Demoiselle Jeanne de BELLOY, veuve de Jean de le Warde, fait un acte avec le consentement de Galliot de le Warde, son fils.

1541 — Receu par moy Adrian de Saint-Rémy, escuier, Seigneur de Guisgni, oncle et procureur de Antoine de BELLOY, escuier, Seigneur dudit lieu et de Wivrench..... receu aussi la part de la douairière de Wivrench avec celle de mon neveu.

1560 — Demoiselle Marguerite de BELLOY qui avait épousé vers 1550 Messire Jean de Donqueur, se remarie à Messire Antoine Clabault.

1575 — Louis de Belloy, Chevalier, Seigneur de Wivrench, comparaît pour son fief de Wivrench.

BERNARD.

Porte : de gueules au sautoir d'argent, surmonté en chef d'une molette d'éperon d'or.

1460 — Aliame BERNARD possède un tènement à Verton.
1465 — Jeanne de Waudripont, veuve de Jean BERNARD, et Michault et Ernoul BERNARD, ses fils, ont une rente sur l'hôtel-de-ville d'Abbeville.
1575 — Maître Jacques BERNARD, avocat, licencié ès-lois, lieutenant-général du sénéchal du Ponthieu, comparaît pour quatre fiefs sis à Brailly, Moismont et Boufflers.

BERNATRE.

Porte : d'or à la croix de sable chargée de cinq coquilles d'argent.

1367 — Hues de BERNATRE possède à Tigny un beau fief tenu du Roy, qui doit appartenir après lui à Pierre Adam.
1400 — Raoul de BERNATRE a droit à la sixième partie du four, à Nempont et à Flixecourt.
1524 — M. de BERNATRE l'aîné, demeurant à Abbeville, en 1524, paye 6 livres au rang des fieffés.

BÉRY.

Porte : d'argent à la feuille de scie de sable posée en fasce, les dents en haut, accompagnée de trois têtes de levriers de même, accolés d'or.

1475 — Demoiselle Marie de BÉRY, veuve de Philippe Bertaut, lieutenant de M. le Sénéchal de Ponthieu, se remarie à Morisse de la Motthe, écuyer.
1528 — Demoiselle Jeanne de BÉRY possédait alors de fort beaux biens à Martainneville-les-Butz.

BERSACLES.

Porte : d'azur à trois étoiles d'or.

1370 — Jacques de BERSACLES, originaire de St.-Riquier, allié à Agnès Patus, habitait Abbeville en 1370.

1424 — Jacques de BERSACLES et demoiselle Marie sa femme, ont du bien et un fief à Coulonvillers et du bien et un fief à Neuilly-l'Hôpital.

1447 — Dans le compte de la recette de Domart-en-Ponthieu, rendu par Barthélémieu Machecrie, on lit qu'il a reçu de Jacques de BERSACLES, Seigneur de Gorenflos en partie, homme-lige de Domart à cause de sa terre de Gorenflos, 18 sols pour n'avoir pas été assidu à servir les plaids.

BERTAULT.

Porte :

1422 — Pierre BERTAULT est désigné pour être lieutenant de Messire Boors Quiéret, sénéchal du Ponthieu.

1442 — Philippe BERTAULT, fils de Pierre et de demoiselle Marie de Beaurains, prête de l'argent pour le siége de St.-Valery ; il est qualifié lieutenant du bailly d'Abbeville.

BÉTHANCOURT.

Porte : d'argent à la bande de gueules chargée de trois coquilles d'or.

1350 — Guyotte de BÉTHANCOURT, dame de Béthancourt, porte cette terre à Jean de Blécourt, son mari.

1384 — Wibert de BÉTHANCOURT possédait alors du bien au Crotoy.

1442 — Jean de Béthancourt, neveu de Sire Isembart, prêtre, prête de l'argent pour le siége de St.-Valery.

1447 — Jean de Béthancourt possède du bien à Domart.

1539 — Jean de Béthancourt, Seigneur de Houdainville, comparaît à la coutume de Clermont en Beauvoisis.

BIENCOURT.

Porte : de sable au lion d'argent.

1325 — Jean de Biencourt vend un beau bien à Frucourt, en 1325.

1367 — Titre de 1367 : je receveur du Val payé à Colart de Biencort pour sen fief de Dourier, une provendie de blé et trois septiers d'avoine.

1374 — Henry de Biencourt et Hues de Biencourt, écuyers, possèdent conjointement un fief à Martainneville-les-Butz.

1374 — Messire Guérard de Biencourt. chanoine de St.-Vulfran, possédait en 1374 du bien à Bellancourt.

1379 — On voit un Hues de Biencourt, clerc de la sénéchaussée de Ponthieu, et échevin de Rue.

1390 — Hues de Biencourt, bailly d'Abbeville, et demoiselle Adde, sa femme, avaient un fief à Menchecourt. Ce fief contenait des pâtures pour lesquelles un procès leur fut intenté. Ils le perdirent en 1402.

1400 — Henry de Biencourt, écuyer, possédait un fief à Martainneville-les-Butz, et un autre à Morival. Il déclara que le premier était tenu du Roi et qu'il provenait du fief de Poullain d'Aisseu, dont il avait été détaché.

1400 — Robert le Cordelier vivait époux de demoiselle Marie de Biencourt, héritière de maître Nicole de Biencourt.

1409 — Huet de Biencourt, fils de Henry de Biencourt, écuyer, demeure au Transleel.

1419 — Jean de Biencourt, héritier de Marie de Biencourt, sa tante, épouse de Pierre Mallet, écuyer, relève pour le fief Dugardin à Hallencourt, pardevant Sire Mahieu de Barbafust.

1420 — Adam de Biencourt, écuyer, possède un fief à Martainneville-les-Butz.

1440 — Jehan de Biencourt, frère de Guérard de Biencourt, a beaucoup de bien à Rue.

1448 — Demoiselle Perrine de Biencourt, sœur et héritière de Jean de Biencourt, relève pour le fief Dugardin à Hallencourt, pardevant Sire Jehan Carue, écuyer.

1450 — Guérard de Biencourt, fils de Maître Nicole de Biencourt, a beaucoup de bien au Crotoy.

1461 — Josse de Waudricourt épouse Demoiselle Marie de Biencourt, fille de Maître Nicole de Biencourt.

1472 — Sire Guérard de Biencourt le jeune conteste la mairie d'Abbeville à Guillaume du Bienc, qui était appuyé per les Bourguignons,

1530 — Antoinette de Biencourt, femme de Valeran Brocque, possédait, en 1530, une maison à Abbeville, sur la paroisse de St.-Wulfran-en-Chaussée.

1618 — Thomas Firmin comparaît pour le fief de Seigneurville, au Mesnil-trois-Festus, provenant de sa mère. une demoiselle de Biencourt.

BIGANT.

Porte : écartelé, au premier et quatrième d'azur à la fasce d'argent chargée de trois coquilles de sable, et accompagnée de trois besants d'or; au deuxième et troisième d'or, à la croix ancrée de gueules chargée d'un écusson d'argent en cœur, surchargé d'un lion de sable ayant sur l'épaule un écu d'argent.

1218 — Rorgon Bigant est échevin d'Abbeville, en 1218.

1498 — Antoine Bigant présente les fiefs qu'il possède à Martainneville-les-Butz, à St.-Maixent et à Erveloy.

1580 — Adrien Bigant, Antoinette de Herlin, Louise du Questa et Hippolyte de la Berquerie, neveux et nièces de Demoiselle Catherine d'Aoust, veuve du sieur 'e Herlin. ont une maison dans la rue Notre-Dame-du-Chatel, à Abbeville.

BLAISEL.

Porte : écartelé, au premier et quatrième d'hermines à six lozanges de gueules mises en fasce ; au deuxième et troisième d'or à trois bandes d'azur.

1521 — Philippe du Blaisel de Rue comparaît aux assises du Ponthieu.

1400 — Obit dans l'église du St.-Sépulcre d'Abbeville pour Wilhelmine du Blaisel, femme de Guillaume Le Comte.

1516 — Pierre Michault, laboureur à Beaumetz, et Perrine Casin, sa femme, achètent quatorze journaux de terre du fief de Granville sis et tenu de Prouville, pour dix sols, à Adrien du BLAISEL.

LE BLOND.

Porte : d'azur au chevron d'or accompagné de trois roses d'argent.

1437 — Un Jehan LE BLOND était Chevaucheur du Roi en 1437.

1495 — Sire A. LE BLOND, Mayeur du Marquenterre, vient, durant son année de mairie, présenter les cahiers de la coutume du pays de Marquenterre aux États du Ponthieu.

1505 — Sire Jehan LE BLOND paraît comme Mayeur de Rue, en 1505.

1516 — Jehan LE BLOND, conseiller, procureur, auditeur du Roi en Ponthieu et substitut du procureur de la ville d'Abbeville, et Jeanne Accart, sa femme, achètent 12 journaux de terre à Valines et à Boubers.

1526 — Le même Jehan LE BLOND et sa femme achètent le fief de Bouillancourt-sur-Miannay en partie.

1540 — Sire Gilles LE BLOND, sieur d'un fief à Berthaucourt, était mayeur de Rue dès l'an 1540 : il demeurait *aux trois Pastouraux* et avait encore une autre maison à Rue.

1560 — Gilles et Nicolas LE BLOND, frères, fils de Sire Jehan LE BLOND, et les héritiers de Jean LE BLOND, fils de Martin LE BLOND qui était frère de Jehan, et autre Nicolas LE BLOND, dit le Ganne, transigent ensemble pour l'accommodement et partage de leurs immeubles sis à Favières, à St.-Firmin de Béthancourt et à Rue. On voit dans ce titre que ce dernier Nicolas était fort riche du fait de sa femme, Jeanne Bouilliard.

1603 — Hector LE BLOND, licencié ès-lois, avocat en la sénéchaussée de Ponthieu et bailly d'Airaines et d'Arguel, achète le fief de Gorges à Airaines et des fiefs à Métigni.

1609 — Messire Claude LE BLOND, écuyer, Seigneur d'Acquest, Brimeu, Favières, Marsy, Métigni, Béthancourt, Le Maisnil, La Motte, Conseiller du Roi, est reçu lieutenant-général au Bailliage d'Abbeville.

BLONDEL.

Porte : de sable à la bande d'or.

1289 — « Pierron BLONDEL, dit Blondiaus, donne des chens à prendre sur Maiocq à l'hôpital de Rue, pour vestir et cauchier les pauvres. »

1367 — Guillaume de BLONDEL, Maître des Requètes, fut présent avec Simon de Bucy et Guillaume de Recourt à l'hommage du duc de Bretagne.

1384 — Mahieu BLONDEL avait beaucoup de biens à Airaines en 1384.

1447 — Dans le compte de la recette de Domart comparaît Demoiselle Marguerite de la Pierre, veuve de Guillaume BLONDEL, dit Blondelus.

1500 — Obit à l'église du St.-Sépulcre d'Abbeville pour Freminot BLONDELU, neveu de Maître Fremin Briet de Donqueurrel.

BLOTTEFIÈRE.

Porte : d'or à trois chevrons ds sable.

1320 — Enguerrand de BLOTTEFIÈRE, écuyer, demeure à Abbeville dans une maison près du Moulin du Comte (aujourd'hui Moulin du Roi).

1365 — Jéhan de BLOTTEFIÈRE, écuyer, demeurant à Abbeville, obtient des lettres de rémission du Sénéchal du Ponthieu, d'un bannissement décrété d'office par les Mayeur et Echevins, à cause d'un homicide commis par lui dans le moulin du Comte.

1394 — Gallois de BLOTTEFIÈRE fonde un obit à Brucamp.

1394 — Jehan de BLOTTEFIÈRE, dit Gallois, demeurant à Brucamp, est qualifié demi-pair de Domart, à cause de son fief de Mainières.

1400 — Vers cette époque, Jehan dit Gallois de BLOTTEFIÈRE possédait à Brucamp le fief de Blottefière, composé d'une maison et de 55 journaux de terre.

1431, 5 Janvier. — Jean de BLOTTEFIÈRE comparaît comme époux de demoiselle Jeanne de Lattre, fille et héritière de Sire Pierre de Lattre, bourgeois d'Abbeville, décédé, à cause d'un don fait à eux par contrat de mariage par ledit feu Sire Pierre.

1447 — Colart de BLOTTEFIÈRE, demi-pair de Domart, très-assidu aux plaids, avait pour valets Jean et Colart Bocquet, et possédait 18 journaux de terre à Gorenflos.

1460 — Colart de BLOTTEFIÈRE, écuyer, et Jean Prévost prennent à cens de Jean de Flavy le domaine de la seigneurie de Brucamp, consistant en 120 journaux de terre, moyennant 16 livres de cens par an.

1460 — Jean de BLOTTEFIÈRE, écuyer, Bailly du Chapitre de St.-Vulfran d'Abbeville, se servait, contre l'usage, de ses propres armes pour sceller les actes : son sceau représentait un écusson penché, avec un casque sur le coin et des tenants. Il ne s'est jamais servi des armes du Chapitre : ce que lui seul a fait.

1465 — Jehan de BLOTTEFIÈRE, père, et Jehan de BLOTTEFIÈRE, fils, écuyers, demeurant à Abbeville, payent chacun 16 sols à l'arrière-ban.

1500, 16 Septembre. — Marguerite de BLOTTEFIÈRE épouse Adrien de Wignacourt, écuyer : elle était fille de Jean de BLOTTEFIÈRE, écuyer, demeurant à Brucamp. Leur contrat de mariage est reconnu par Jean Briet dit Gauvain, mayeur de St.-Riquier et garde du scel.

1580 — François de BLOTTEFIÈRE, écuyer, Seigneur de Vauchelles et de Courtejambe, augmente beaucoup sa seigneurie de Vauchelles. Il achète des sieurs Godard ou de leurs héritiers les fiefs de Granssart et de Courtejambe tenus de Bouchon, avec 70 journaux de terre à la sole. Il n'avait auparavant à Vauchelles que 20 journaux à la sole et une masure.

1590 — Jean de BLOTTEFIÈRE, Chevalier, Seigneur de Willencourt et autres lieux, colonel de mille légionnaires, vend sa maison d'Abbeville, sise rue Dame-Eudin, à Nicolas Tillette.

1604 — Jean de BLOTTEFIÈRE, Chevalier, Seigneur de Willencourt, achète la seigneurie de Brucamp : mais elle lui fut retirée plus tard.

BOMMY.

Porte : d'azur à la rose d'or accompagnée de quatre besants de même mis en sautoir.

1437 — A cette époque on trouve à Ouvillers un Enguerrand de BOMMY.

1469, 4 Juillet. — Pierre de BOMMY, écuyer, Seigneur du Hamelet près Corbie, donne un relief pour son dit fief à l'abbaye de Corbie.

6.

1512 — La ville d'Abbeville donne à M. de BOMMY, Seigneur de Vaux, cinq aunes de velours en reconnaissance de ses bons services près de M de la Gruthuze.

1530 — Mahieu de BOMMY comparaît pour ses fiefs du Hamelet. de Vaux, et pour deux fiefs assis au Plouy-Donqueur.

1545 — Mahieu de BOMMY fut nommé par les Nobles et Gentilshommes du pays de Ponthieu, pour comparaître aux États-Généraux tenus devant le lieutenant-général de la sénéchaussée du Ponthieu.

1575 — Hector de BOMMY, écuyer, Seigneur de Vaux, Hamelet et Williamville, se servit du privilége de bourgeois d'Abbeville pour ne pas aller à l'arrière-ban.

1604 — Pierre de BOMMY, écuyer, mort en 1604, possédait beaucoup de biens au Pont-Remy et à la Queute.

1605 — Hector de BOMMY, écuyer, possède le fief de la Barre, tenu de Pont-Remy.

BORGNE.

Porte : d'or à l'aigle de sable.

1432 — Henry le BORGNE possède à Drucat un fief qui avait appartenu en 1312 à Henry de le Court.

1441 — Jehan et Henry le BORGNE, demeurant sur la paroisse du St.-Sépulcre d'Abbeville, payent chacun 6 sols au rang des fieffés.

1465 — Henry le BORGNE, demeurant à Abbeville, est au rang des fieffés et paye 12 sols à l'arrière-ban.

1476 — Jehan le BORGNE possède un fief à Morival.

BOS.

Porte : d'argent au lion de sable armé et lampassé d'azur.

1400 — Henry du Bos, fils de Guillaume, possède à Sailly-le-Sec un beau fief dont Bernard du Bos tient le manage.

1447 — Messire Nicole du Bos, deux fois homme-lige de Domart pour ses fiefs de Domémont et Constanvilliers, paye 36 sols d'amende pour n'avoir pas été assidu à servir les plaids à Domart de quinzaine en quinzaine.

1447 — Le receveur de Domart reconnaît avoir reçu de Jacques du Bos, demeurant à St-Omer, mari de madame Aliénor, veuve de Messire Oranglois de Hardenthun, cent sous sur son fief de Maison-Ponthieu.

1454 — Guillaume du Bos possède à Sailly un fief de 1,300 journaux, tenu de St-Pierre d'Abbeville.

1476 — Pierre du Bos, sergent à masse, va d'Abbeville à St.-Valery emprunter à l'abbé dudit lieu sa mitre et sa crosse pour l'évêque d'Avranches qui officiait à Abbeville.

1480 — Jacques du Bos possède des terres à Saigneville, à Boismont et à Bretel, ainsi que son gendre, Olivier de St.-Blimond.

1575 — Philippe du Bos comparaît pour ses fiefs de Catigni, Arrest, Drancourt et Bretel près Frettemeule. Il se déclare exempt comme demeurant à Amiens.

<hr>

BOSC.

Porte : de gueules à la croix échiquetée d'argent et de sable de trois traits, cantonnée de quatre lions d'or.

1350 — Dame Mélanie du Bosc épouse N. de Caurel, écuyer, Seigneur de la Rivière, en Normandie.

1575 — Dame Michelle du Bosc possède un fief et un douaire sur Vieulaines, comme étant veuve d'un Seigneur de Belloy.

<hr>

BOSQUEL.

Porte : d'azur au franc quartier d'argent chargé d'un écureuil de gueules.

1400 — Belle chapelle fondée dans l'église de St-Georges d'Abbeville, par Henriot du BOSQUEL.

1413 — Jeanne du Bosquel. qui avait épousé avant 1400 Enguerrand de Cacheleu, demeurant à Feuquières en Vimeu, se remarie à Pierre Lengaignon et s'établit avec lui à Abbeville.

BOUBERS.

Porte : d'or à la croix de sable chargée de cinq coquilles d'argent.

1244 — Guillaume de Boubers fait hommage au comte de Ponthieu pour Thunc et Willencourt; Jean de Boubers fait hommage pour ses héritages à Yvregni.

1347 — Dans plusieurs beaux titres de St-Pierre d'Abbeville on voit que le bailly de St.-Pierre était alors un Henry de Boubers.

1374 — Hugues de Boubers a sur Houdencq un fief de 80 journaux qu'il tient de Mahieu d'Ault. Il a pour tenanciers des Anquiers à Morival, et un Jean d'Aigneville à Maigneville.

1375 — Beau titre concernant Pierre de Boubers, fieffé du Neufmès et sénéchal de Domart.

1400 — Mahieu de Boubers possède un fief à Canchy au lieu de dame Climenche Sommecarde, veuve de Sire Mahieu Au-Costé; il a aussi en même temps un fief à Moufflières.

1447 — Colart de Boubers, homme-lige pour le Neufmès, est fort assidu au service des plaids à Domart. selon le compte de 1447.

1465 — Jean de Boubers fait deux voyages d'Abbeville à St.-Riquier, sa patrie, pour le service de la ville. Il paye 16 sols comme fieffé à l'arrière-ban et est reçu gratuitement bourgeois d'Abbeville à cause de ses services.

1539 — Nicolas de Boubers, écuyer, Seigneur de Vaugenlieu, comparaît au procès-verbal de la coutume de Senlis.

1540 — Jean de Boubers, écuyer, Seigneur de Bernâtre, homme d'armes dans la compagnie de M. de la Meilleraye, étant inquiété pour sa noblesse, présente une généalogie, bien prouvée par titres, remontant à Jean de Boubers. écuyer, Seigneur de la Motte-les-Auxi, qui vivait en 1320.

BOUCHER.

Porte : d'or au sautoir engrêlé de sable, accompagné de quatre aiglettes éployées
de même, becquées et membrées de gueules.

1400 — Jean le Boucher, écuyer, Seigneur de Mons-Val, et demoiselle Bollote d'A-
carville, sa femme, achètent des terres au territoire de Bretel.

1450, 29 Mars. — Simon le Boucher, écuyer, Seigneur de Mons-Val et de Prireulles.
sert aux officiers du village de Bretel un dénombrement des terres achetées sur
le dit village par son père et sa mère.

1469, 4 Avril. — Simon le Boucher, écuyer, Seigneur de Mons-Val et de Frireulles,
et demoiselle Colaye de Bailleul, sa femme, achètent un jardin à Mons, par
contrat passé à Aire.

1505 — Jean le Boucher, dit Ramburot, écuyer, Seigneur de Mons-Val et de Frireulles, et demoiselle Marie d'Amiens, dite Mariette, sa femme, achètent beaucoup de terres à Mons, depuis 1505 jusqu'en 1530, époque de leur mort. —
Ils furent enterrés dans l'église de Mons.

1535, Novembre — Jean le Boucher, écuyer, Seigneur de Mons-Val et de Frireulles,
et demoiselle Catherine de St.-Blimond, demoiselle de Caveron et de Cayeux
en partie, sa femme, achètent le 3 novembre 1535, à Saigneville, 20 journaux
de prairies, et le 8 novembre suivant une masure et cinq journaux appelés le
Hocq.

1542 — Geoffroy le Boucher, receveur de Nouvion pour Msr Alpin de Béthune,
comparaît pour deux fiefs sis à Estrées.

1549, 14 Novembre — Simon le Boucher, écuyer, Seigneur de Mons-Val et de Fri-
reulles, et demoiselle Marie le Blond, demoiselle d'Ailly-le-Haut-Clocher et de
Bouillancourt-sur-Miannay, acquièrent 5 journaux de terre au territoire de
Mons.

1608, 15 Juin. — Jacques le Boucher, écuyer, Seigneur d'Ailly-le-Haut-Clocher,
La Neuve-Rue, Quinquembœuf, Bouillancourt-sur-Miannay, Mons-Val, Frireulles, acquiert la terre et seigneurie du Maisnil-les-Franleux.

BOUFFLERS.

Porte : d'argent à trois molettes de gueules accompagnées de neuf croix
recroisettées de même.

1424 — Guérard du Moulin est banni de Rue et du pays pour avoir tué Willame de
BOUFFLERS, écuyer, fils de feu Messire Enguerrand de BOUFFLERS, chevalier,
Seigneur du Hamelet, dans une querelle qu'ils eurent en jouant à la paume,
au Hamelet.

1430 — Dame Béatrix de BOUFFLERS, dame de Vironchaux, alliée 1° à Baudoin de
Sery, 2° à Robert de Mailly, chevalier, seigneur d'Authuille, donne en 1430
sa terre de Vironchaux à l'abbaye de St.-Saulve de Montreuil.

BOURDIN.

Porte : d'azur à trois têtes de daim d'or.

1380 — Jean BOURDIN avoue tenir à Auxi deux manoirs, sept journaux de terre et
deux grands courtils.

1380 — Aléaume BOURDIN avoue tenir de Gadifer de Boubers, écuyer, 3 journaux de
terre à Maisicourt.

1567 — Philippe BOURDIN, écuyer, sieur de Neux, comparaît à la réformation de la
coutume d'Amiens, en qualité de bailly de Maison-Ponthieu.

1589 — Adrien BOURDIN, écuyer, capitaine d'une compagnie d'infanterie pour la
ligne, vient offrir ses services à la ville d'Abbeville.

BOURNEL.

Porte : d'argent à l'écusson de gueules, accompagné de huit perroquets
de sinople, becqués et membrés de gueules, mis en orle.

1402 — Marguerite de St.-Pol, veuve de Jehan Malicorne et épouse de Jehan BOURNEL,
écuyer, demeure à Abbeville et possède une rente sur la ville d'Abbeville.

1465 — Mahieu d'Arrest porte plainte contre Guillaume Bournel, demeurant à Abbeville, et les gens dudit Bournel qui lui ont pris ses moutons.

1486 — Guillaume Bournel obtient à la Cour que les fieffés d'Abbeville ne serviront pas à l'arrière-ban, à l'armée, mais qu'ils y entretiendront une compagnie de 50 hommes.

BOURS.

Porte : de gueules à une bande de vair.

1363 — Guerard de Bours obtient de placer une croix sur une place de la ville de Rue, sans préjudice pour le mayeur et les échevins.

1374 — Andrieu de Bours possède le fief Mauconvent dans la rue Bertault, à Crécy.

1400 — Jean de Bours possède à Froyelle un fief qu'il tient du Seigneur de Boufflers.

1506 — Maître Nicole de Bours. seigneur de Gennes (bois près Waben), lieutenant particulier à Montreuil, comparaît en cette qualité dans l'ancienne coutume d'Amiens.

BOUSSART.

Porte : de gueules à la fasce d'or accompagnée de trois têtes de lion arrachées de même et accolées d'azur.

1421 — Ricquier Boussart, dit le Jeune, prête 60 écus d'or pour le siége de St.-Ricquier.

1421 — La veuve de Jean Boussard, écuyer, prête à la ville d'Abbeville 20 écus d'or pour les sièges de St.-Riquier et de St.-Valery.

1432 — Ricquier et Jacques Boussart témoins dans l'affaire de Sire Nicolas Journe, capitaine d'Abbeville, et de Sire Colart Malicorne, Mayeur de ladite ville, pour savoir si le mayeur doit tirer le geai le premier avant le capitaine, se déclarent en faveur du mayeur.

1447 — Demoiselle Katerine BOUSSART, femme de Jean Journe. déclare posséder du bien à Domart et un fief à Morival.

1469 — « Reçu de Jean Journe, mary de Demisielle Katerine BOUSSART, pour ung fief qui s'estend en fournage et deux autres fiefs sis aussi à Marteigneville, dont un de 29 journaux..... »

1498 — Jacques BOUSSART, fieffé, présente ses fiefs qu'il a sur Rambures, Villeroy, Buigny et Lignières.

⚬⚬⚬⚬⚬⚬⚬⚬

BOUTERY.

Porte :

1249 — Thibault de BITERY ou BOUTERY est connu en Ponthieu dès l'an 1249.

1260 — La famille de BOUTERY descendait de Henry de BOUTERY, seigneur de Huppy dès 1260. Elle s'est éteinte au moyen-âge.

1298 — Aveu de Jehan BOUTERY, Chevalier, pour deux ou trois fiefs qu'il a à Maisnières.

1312 — Messire Jean BOUTERY, qui habitait à Abbeville, possédait du bien à Drucat.

1374 — On trouve à cette époque, à Grébeaumesnil, un Messire Jean BOUTERY.

1403 — Messire Jean de BOUTERY, Chevalier, Vicomte de Cambet, choisit Pierre de Bicelles pour son lieutenant. — Cette vicomté de Cambet était un fief à Menchecourt.

1405 — Messire Jean BOUTERY et Messire de Disquemue, héritiers viagiers du vicomté de Cambet, proposent Jean Aclimenche pour l'occuper en leur place comme lieutenant.

1415 — Messire Charles BOUTERY, Chevalier, tué à Azincourt, était fils de Messire Jehan BOUTERY, Chevalier, Vicomte de Cambet.

1420 — Noble Demoiselle Jeanne de BOUTERY. Demoiselle de Huppy, Vicomtesse de Maisnières, sœur et héritière de Messire Charles de BOUTERY, Chevalier, Seigneur desdits lieux, vend une maison sise à Menchecourt, tenant à Frémine de l'Heures, qui faisait partie de sa vicomté de Cambet. Elle s'y réserve toute la justice.

⚬⚬⚬⚬⚬⚬⚬⚬

TRÉSOR GÉNÉALOGIQUE

DE

LA PICARDIE

OU

RECUEIL DE DOCUMENTS INÉDITS

SUR

LA NOBLESSE DE CETTE PROVINCE,

PAR

UN GENTILHOMME PICARD.

TOME PREMIER.

3ᵉ Livraison.

AMIENS,

TYPOGRAPHIE DE V.ᵉ HERMENT, IMPRIMEUR-LIBRAIRE, PLACE PÉRIGORD, 3.

1860.

BRESDOUL.

Porte : d'azur au chevron d'argent accompagné de 3 têtes de lion arrachées
d'or, lampassées de gueules.

———————

1452, 15 Février. — Toussaint du Mesge se dessaisit du fief de Hiermont au profit de
Huchon de Bresdouïl, fils de Hues de Bresdouil, demeurant à Auxy-Château.

1437, 16 Avril. — Jeanne d'Auxy, mère d'Huchon de Bresdouïl, relève le fief de
Hiermont qui lui appartient par don que lui en fit Huchon.

1449, 24 Janvier. — Baudin de Bresdoul, fils et héritier de défunte dame Jeanne
d'Auxy, relève le fief de Hiermont tenu du Roi, qui lui appartient à cause de la
mort de sa mère.

1475, 14 Octobre. — Jacques de Bresdoul, fils et héritier de Baudin de Bresdoul,
relève le fief de Hiermont par lettre de Jean du Lo, dit le Gaigneur, Receveur
général du Ponthieu.

1506, 24 Juillet. — Jean de Bresdoul, fils et héritier de Jacques, relève le fief de
Hiermont et paye 60 sols.

1529, 24 Janvier. — Pierre de Bresdoul, fils et héritier de feu Jean, relève le fief
de Hiermont devant Lancelot de Bacouel, receveur du Ponthieu.

1618 — Louis de Bresdoul, écuyer, doit au Roi 5 sols pour son fief d'Hiermont, et
11 livres 5 sols, 7 boisseaux de froment et 4 boisseaux d'avoine pour ses
terres à Conchy et au Temple.

———————

BRESTEL.

Porte : d'azur à trois besants d'or.

———————

1419, 6 Juillet. — Jean de Brestel, procureur de Toussaint du Mesge, relève le fief
d'Hiermont pour ledit Toussaint, à cause du trépas de Pierre du Mesge, son
père.

1520 — Robert de Polhoy possède des terres à Bonnelles et à Pontoilles, au lieu de
Nicolas de Brestel et de Robert, son père.

———————

7.

BRIET.

Porte : d'argent au sautoir de sable accompagné de huit perroquets de sinople, becqués et membrés de gueules.

———————

1407 — Quittance donnée au receveur général de Bourgogne par Jean Briet, panne-tier, Oranglois de Hardenthun, écuyer tranchant et Guillaume de St -Mesme. échanson de madame de Guyenne.

1408, 1er Juillet. — Saisine donnée par les officiers de la Ferté-lès-St.-Riquier à Jean Briet de Donqueurel, écuyer, sur le contrat d'acquisition de la terre du Festel.

1424, 7 Avril. — Saisine donnée par les Abbé et Religieux de St.-Martin-aux-Ju-meaux d'Amiens à Pierre le Vigne, acquéreur de Hue Briet, écuyer, Seigneur du Festel, d'une maison et de terres labourables à Donqueurel, pour être te-nues de la même manière et aux mêmes charges que ledit Hue et Jean Briet, son frère, les prirent en 1413 desdits Abbé et Religieux.

1447 — Jean Briet, dit Donqueurreuil, sieur dudit lieu, déclare posséder huit jour-naux à la Croix du Bos de Domart, tenir à ferme les acquits de Gorenflos pour cinq sols par an, et être homme-lige de Domart pour sa terre de Gorenflos.

1498 — Jacques, Guillaume, Marc, Hues et Antoine Briet comparaissent pour leurs fiefs à Abbeville.

1550, 7 Mars. — Transaction entre Valeran Briet, dit Doncqueurel, écuyer, Seigneur d'Alliel, et les habitants dudit Alliel par laquelle ces derniers reconnaissent ledit Briet pour noble.

1550 — Guillaume Briet, demeurant à Abbeville, présente ses fiefs de Donqueurre.

1583 — On voyait alors, dans l'église de St.-Vulfran d'Abbeville un tableau sur lequel étaient représentés Maître Gabriel Briet, Antoine son fils, et Marie de Canteleu, sa femme.

1606 — Nicolas Briet, capitaine du Guet, à Abbeville, fait recevoir son fils, Oudart Briet, à sa place.

1608 — Nicolas Briet, écuyer, Seigneur de Donqueurrel, achète la terre de Fame-chon à Maximilien de Bailleul.

BRISTEL.

Porte : d'or à la fasce de sable accompagnée de trois coquelets de même.

———

1503 — Jacques de BRISTEL, échevin d'Abbeville, élu pour être receveur du droit sur chaque pot de vin, prête son serment entre les mains de Charles des Eschards, lieutenant du château d'Abbeville, devant Antoine Cornu, Procureur de la ville.

1515 — Marguerite de BRISTEL possède du bien sur la paroisse de St.-Gilles d'Abbeville, au lieu de Jean Cornu.

1575 — Adrien de BRISTEL, écuyer, Seigneur de Martainneville, comparaît pour des fiefs à Doudelainville.

1618 — Jeanne de BRISTEL vend sa terre et seigneurie de Martainneville à Messire Isaac de Waudray. Cette vente est remboursée par Adrien Gaude, sieur de St.-Elier, Conseiller au Présidial d'Abbeville.

BROULLART.

Porte :

———

1414 — Aléaume BROULLART, écuyer, Seigneur de Longuemort, fils de Robert BROULLART et de Demoiselle Aélips Becquet, possède un fief à Martainneville et un au Translay.

BROUTELLES.

Porte : d'azur à la croix d'argent cantonnée de quatre croissants d'or.

———

1441 — Pierre de BROUTELLE possédait du bien à Martainneville, en 1441.

1602 — Eustache de BROUTELLES, sieur du fief Bidault, au Pont-Remy, comparaît pour ledit fief.

BROUTIN.

Porte :

_____

1353 — Philippe Broutin comparaît avec Fremine Becket, sa femme.

1377, 10 Janvier. — Jean Broutin, écuyer, Seigneur de Boiville, sert au Roi un aveu pour Boiville.

1377 — Willame Broutin, écuyer, frère de Jean, est dit dans un titre de 1377 demeurer à Martainneville et avoir du bien au Translay.

1377 — « Je, Jehan Broutin, escuyer, ay fief abrégé à Martinneville tenu du Roy. 4 journaux et demy tenans à Thomas du Puch, à Jehan de Beauvais, etc., tenu par soixante sols parisis et service à Aisseu où souloit demeurer le Seigneur. »

1380 — Jehan Broutin et Philippot Broutin, écuyers, sont déclarés posséder des fiefs à Martainneville.

1402 — Alard Broutin, écuyer, vend des arbres à Martainneville.

1415 — Jehan Broutin, demeurant à Abbeville, doit au comte de Ponthieu dix deniers pour dix journaux à Martainneville, tenus de Hallencourt.

1487 — Jeanne Broutin vend son beau fief du Personnage, sis à Martainneville et tenu du fief Clabaut, à Jean Journe, écuyer.

•➻❁❀❍❀❁➼•

BRUGES.

Porte : écartelé, au 1er et 4e d'or à la croix de sable, au 2e et 3e de gueules au sautoir d'argent.

_____

1501, 28 Juillet. — Messire Jehan de la Gruthuze releva du comte de Ponthieu sa terre d'Auxy-Chateau, à cause de dame Marie d'Auxy, sa femme.

1507 — Jehan de Bruges, Sire de la Gruthuze, prince de Steenhuyze, capitaine d'Abbeville, reconnaît avoir reçu de Jehan de Ballen, argentier de la ville, 150 livres pour ses gages de capitaine.

1515 — Louis de Bruges, Seigneur de la Gruthuze, paie les droits seigneuriaux de son hôtel à Abbeville, par les mains de Pierre de Bommy, son receveur et procureur, à Dom Jean du Tielt, sacristain de St-Pierre.

BUIGNY.

Porte : d'or à la bande de gueules chargée de trois lions rampants d'argent, et accompagnée de deux buis de sinople.

1535 — Antoine de Buigny de Crécy tient un fief noble mouvant de Bézencourt-Ponthieu qui est tenu de Domvast. Ce fief du nom de Buigny est situé au territoire de Brailly et consiste en 17 journaux de terre.

1658 — Michel de Buigny, légataire de François de Buigny, fils de Claude, Seigneur de Cornehotte, doit au Roi 51 sols pour un fief qu'il a à Épagne.

BUISSY.

Porte : d'argent à la fasce de gueules chargée de trois fermaux d'or.

1580 — A cette époque demeurait à Abbeville, sur la paroisse de St-Georges, noble homme François de Buissy, écuyer, sieur du dit lieu, qui était propriétaire d'un estal du grand marché d'Abbeville à cause de sa femme Barbe de Buigny, fille de feu Jean de Buigny.

BULLEUX.

Porte :

1465 — Martin de Bulleux, homme d'armes, reçoit 64 sols pour ses gages.

1498 — Claude de Bulleux comparaît pour ses fiefs.

BUS.

Porte : d'azur au chevron d'argent chargé de deux trèfles de sable
et accompagné de trois molettes d'or.

———————

1293 — Robert du Bus, fils de Raoul du Bus, demeurant à Martainneville-les-Butz
(d'où il tire son nom), vend trois journaux de terre à Enguerrand Sorel.

1411 — Foulque du Bus, demeurant à Morival, avant 1400, et depuis 1400 demeurant au Vieux-Rouen, vend, en 1411, beaucoup du bien qu'il a à Martainneville, à Morival et au Translay.

C.

CACHELEU.

Porte : d'azur à trois pattes de loup d'or.

1449 — Le fief d'Adam du Blé, sis à Bussu et tenu de Drucat, appartient à Jehan
CACHELEU dit Viry et à Riquart CACHELEU.

1465 — Jean CACHELEU, bourgeois d'Abbeville, père de Wallequin, paye une certaine somme pour faire établir des degrés à sa maison. Il paye aussi, la même
année, 16 sols pour ses arrière-fiefs.

1470 — Guérard CACHELEU possède à la Queute-les-Bellancourt 24 journaux de terre
tenus du Pont-de-Remy. Il avait au même lieu 25 autres journaux qui étaient
tenus de Bellancourt.

1480 — Les Chapelains de St.-Vulfran d'Abbeville chantent un *Obit* pour Jean CA-
CHELEU et Simone le Cordier, sa femme.

1485 — A cette époque Wallequin CACHELEU possède à la *Tête noire* une maison sur
la paroisse St.-Nicolas d'Abbeville. Il possède encore deux autres maisons sur
la même paroisse, l'une vers les *Pois Pilés*, l'autre donnant par devant dans
la rue Frestelengue, et par derrière dans la rue de l'Abbesse.

1498 — Wallequin CACHELEU, demeurant à Abbeville, présente ses fiefs.

1500 — Wallequin CACHELEU, sieur de Lancières, habite à Abbeville, sur la paroisse
St.-Paul, avec sa femme, Jacquette de La Garde.

1524 — Wallequin CACHELEU est rangé au nombre des fieffés et paye en cette qualité
4 livres.

CACHELEU.

Porte : de gueules à 3 fasces d'or, au franc-quartier de sable à la bande d'argent
chargée de 3 coquilles de pourpre.

1319 — Aléaume CACHELEU est cité dans tous les titres de son temps comme le meilleur conseil du Ponthieu. Il était toujours consulté comme un oracle infaillible.

1340 — Michel le Roux et Jeanne de Valanglart, sa femme, achètent à Tassart de CACHELEU 41 journaux de terre sur le fief de Seigneurville.

1344 — Pierre CACHELEU et Robert le Cordelier sont juges commis par sire Jean du Cange, gouverneur du Ponthieu. Sur les sceaux dont ils se servaient, on remarque les armes des CACHELEU comme elles sont blasonnées ci-dessus.

1364 — Wistache CACHELEU est regardé comme l'un des hommes les plus considérables du Ponthieu.

1407 — Dans un titre de cette année, on voit que Nicolas CACHELEU, fort riche et fort puissant, était allié aux familles les plus considérables d'Abbeville, surtout aux Clabaut et aux Malicorne.

1500 — Le bien et la maison de messire Pierre de Ramburelles passent à Valery de CACHELEU, son parent.

CALONNE.

Porte : d'argent à l'aigle éployée de sable, onglée et becquée de gueules.

1204 — Un titre de 1204, de l'église de St.-Jean de Choques, est scellé du sceau de Willaume de CALONNE (*Willermi de Kaloniâ*).

1412 — Jean de CALONNE, capitaine de l'abbaye de Lisques, est mentionné avec trois écuyers de sa compagnie au compte de l'extraordinaire des guerres.

1497 — Colinet de CALONNE, dit de Beauchamp, fils de Jacques de CALONNE, avait alors pour tuteur Mallet de CALONNE.

1500 — On trouve une demoiselle Jeanne de CALONNE de Cocquerel, fille de Nicolas de CALONNE, écuyer, seigneur de Leulinghen et de Coquerel, et de demoiselle Jeanne Cornu, mariée avec un seigneur de Belleval.

1620 — Contrat de mariage de Nicolas de Belleval, écuyer, Seigneur d'Himmeville, avec demoiselle Anne de CALONNE, fille de Nicolas de CALONNE, écuyer, seigneur de Cocquerel, et de demoiselle Isabeau Cornu d'Ambreville.

1520 — François de CALONNE, écuyer, seigneur de Leulinghen, avoue tenir ses fiefs de Machy et Vinchenue, achetés par son père, de Jean de Carpentin, écuyer, seigneur de Berlettes.

CALONNE.

Porte : d'argent au lion léopardé de gueules en chef.

1465 — Paul de CALONNE paie 20 sols à l'arrière-ban.

1479 — Guillaume de CALONNE possède un gros fief à Duncq.

1507 — Guillaume de CALONNE comparaît à la rédaction de la coutume de Bailleul, comme procureur de Porrhus de Lannoy, écuyer, seigneur d'Andainville.

1508 — Jean de Doudelainville, lieutenant de Senarpont, vend son fief de Doudelainville à Philippe de CALONNE.

1550 — Pierre de CALONNE, écuyer, comparaît pour le fief des Oteux et pour d'autres fiefs.

1530 — Philippe de CALONNE, écuyer, demeurant à Abbeville, est déclaré posséder des fiefs à Acheu et à Saucourt.

1552 — Jean de CALONNE, licencié-ès-lois, Seigneur d'Avesnes, reçoit l'hommage de Florimond de Biencourt, Chevalier, pour un fief à Folie.

1575 — Nicolas de CALONNE présente son fief de Fressenneville,

---

CAMOISSON.

Porte : d'or à la croix ancrée de gueules.

1550 — Jean de CAMOISSON, écuyer, Seigneur de Thubauville, et Charles de CAMOISSON, écuyer. Vicomte d'Oupehan, comparaissent à la rédaction de la coutume du Boulonnais.

8.

1555 — Jean de CAMOISSON, écuyer, est établi receveur à Boubers par le roi de Navarre.

1575 — Jean de CAMOISSON comparaît pour un fief qu'il possède à Hallencourt.

CAMPAGNE.

Porte : de gueules semé de trèfles d'or, à trois croix patées d'argent.

1517 — Jeannet de CAMPAGNE possède du bien à Martainneville-lès-Butz.

1530 — Jean de CAMPAGNE comparaît pour plusieurs fiefs à Neuville et à Sur-Somme.

1575 — Noble homme Jean de CAMPAGNE, écuyer, seigneur de Godincthun, possède à Nollette un fief tenu d'Ouville.

1583 — Jean de CAMPAGNE, écuyer, seigneur de Godincthun, déclare qu'il possède, à Abbeville, des maisons situées sur les paroisses de St.-Jacques et de St.-Georges.

CANNESSON.

Porte : d'azur à trois couronnes ducales d'or.

1455 — Jean CANNESSON, auditeur du Roi, est dit posséder du bien à Franleux.

1476 — Andrieu CANNESSON paye à Abbeville 24 sols comme très-riche.

1480 — Jean CANNESSON le Josne perçoit à Boiville les dîmes de St.-Pierre d'Abbeville.

1500 — Arnoul CANNESSON possède à Rouvroy un fief qui lui vient de Jeanne Picquet, veuve de Jean Picquet.

1542 — Maître Jean CANNESSON, licencié-ès-lois, et sa femme, Catherine Postel, dame de Bellifontaine et de Granssart, présentent leurs fiefs à Abbeville.

1568 — Nicolas de CANNESSON, écuyer, Seigneur de Bellifontaine, demeurant à Abbeville, rue d'Angouche, dans la maison des Préville, comme héritier de feu Sire Jean Carue, a un droit de trois aunes et demie de toiles des aumônes sur l'hôtel-de-ville.

1575 — Jean de Cannesson, écuyer, Seigneur de Bellifontaine, comparaît pour ses fiefs de Fontaines et de Duncq.

1680 — Antoine de Cannesson, écuyer, Seigneur de Bellifontaine, vend moyennant 2,000 livres, au sieur Danzel de Lignières, deux fiefs tenus du Roi qu'il a à Regnière-Écluse et à Faverolles, appelés les fiefs de Faverolles et de Bristel.

CARPENTIN.

Porte : d'argent à trois fleurs de lys de gueules au pied coupé.

1446 — Henry Carpentin, écuyer, Sénéchal de Domart, reçoit 24 livres pour une année de ses gages et en donne quittance.

1446 — Henry Carpentin, écuyer, Sénéchal de Domart, achète le fief de Graville à Jean de Monstreulle, Chevalier, Seigneur de Salles en Poitou, lequel le vend 130 écus d'or francs, du consentement de dame Anne de Chatillon, sa mère.

1447 — Monseigneur Henry Carpentin, écuyer, Sénéchal de Domart, reçoit le compte de Barthélémy Machecrie. Il déclare qu'il possède dans Domart deux maisons dont l'une s'appelle le Franc-Manoir. — La même année il est déclaré Pair de Domart. ·

1467 — Le Duc de Bourgogne confisque la pairie de Berneuil sur Jean Morel, bourgeois d'Amiens, qui était orléaniste, et la donne à Jean Carpentin, dit Galois, écuyer, qui était son partisan.

1475, 9 avril. — Sentence de Jean Aubert, Conseiller du Duc de Bourgogne, par laquelle Galois Carpentin, écuyer, est déchargé comme noble du droit des nouveaux acquets.

1530 — Galyot Carpentin, écuyer, Seigneur de Berlettes, comparaît pour ses fiefs de Berlettes, Goudancourt, Omesmont et pour sa pairie de Berneuil.

1542 — Jean de Carpentin, écuyer, Seigneur de Berlettes, capitaine dans les troupes huguenotes, comparaît pour des fiefs à Mareuil.

1586 — Jean de Carpentin, écuyer, Seigneur de Berlettes, demeurant à la Haye, paroisse de Surcamp près Domart, vend comme procureur de Messire Isaac de Waudray de Mouy, la terre et seigneurie de Rogehan à Messire Jean de Belloy.

CARUE.

Porte : d'argent au sautoir de gueules cantonné de quatre hures de sanglier de sable.

1415 — Demoiselle Maroie CARUE vivait, avec Jehan, son fils, veuve de Messire Baudin de Belleval, Chevalier, tué à la bataille d'Azincourt.

1421 — Jean CARUE prête 20 écus pour le siége de St.-Riquier.

1442 — Contrat de mariage de Jéhan CARUE, écuyer, fils de Jéhan CARUE et de demoiselle Aélips Maupin, avec demoiselle Adde de Barbafust.

1463 — Demoiselle Aélips Maupin, veuve de Jean CARUE, écuyer, fait son testament en faveur de Jéhan, son fils, époux de demoiselle Adde de Barbafust.

1465 — Jean CARUE paie 20 sols à l'arrière-ban.

1470 — Monseigneur le Duc de Bourgogne nomme Mayeur d'Abbeville. « son bien » aymé Jéhan CARUE. »

1481 — Jéhan CARUE, écuyer, est déchargé de la taxe comme noble, et maintenu dans sa noblesse par une sentence de 1481.

1498 — Jéhan CARUE, l'aîné, et Jéhan CARUE, le jeune, écuyers, frères, déclarent ensemble leurs fiefs à Ysengremer, Béhen et Menchecourt.

1506 — Jéhan CARUE, écuyer, comparaît au rang des nobles dans la coutume de Ponthieu.

CAUDEL.

Porte :

1482 — Maître Jéhan CAUDEL, gendre de Sire Jéhan le Sage, conseiller de ville, est député par la ville d'Abbeville aux états d'Amboise.

1498 — Sire Jéhan CAUDEL déclare ses fiefs.

1504, 6 avril. — Enterrement de maître Jéhan CAUDEL. Le repas qui suivit les funérailles fut donné chez Pierre de Calonne.

CAURREL.

Porte : d'argent à la bande fuselée de gueules.

1384 — Thomas Caurrel était sergent à verge du Mayeur et des Échevins d'Abbeville.

1470 — Jean du Caurrel achève l'année de mairie de Guillaume de Béry, Mayeur d'Amiens.

CŒURREL.

Porte :

1374 — Jéhan Cœurrel le jeune, écuyer, Seigneur de Maisnières, tient ledit fief du Comte de Ponthieu.

1441 — Jéhan Cœurrel, habitant à Abbeville, paroisse St.-Jacques, paie 3 sols.

CHAUSSÉE D'EU.

Porte : d'azur semé de croissants d'argent, à trois besants d'or.

1248 — On trouve à cette époque Adam et Hugues de la Cauchie, qualifiés seigneurs de Choques.

1289 — Wilhelm de la Cauchie possède à cette époque une belle maison à Beauvoir-lès-Rue.

1330 — « Je Aliame de le Cauchie, eskuier, fieux à Willame de le Cauchie, eskuier, » et à demiselle Witasse de Brimeu de la Bouvaque, sa femme. »

1380 — Antoinette de la Cauchie, comme veuve de maître Claude de Mons, est propriétaire du moulin de Lisle, à Abbeville.

1386 — Clément de la Cauchie, homme de fief et bourgeois d'Abbeville, comparaît parmi les Conseillers de Ville qui étaient Fréminot et Pierre Boussart, Jean Boulain, Mikiel et Raoul Despos, et Guy de Maillefeu, tous anciens échevins.

1399 — Nicaise de la Cauchie vend les deux fiefs de Grambus et de Cambron, l'un tenu du Roi, l'autre de Ponches, avec tout leur terrage, à Sire Raoul Malicorne.

1409 — Un titre de cette époque fait mention de Guillaume de la Cauchie, écuyer, Seigneur de Gribaumesnil. Dans ce titre, on ajoute que Guillaume est fils de Jean de la Cauchie, écuyer, lequel était lui-même fils de Wistache de la Cauchie, écuyer, Seigneur de la Bouvaque, qui vivait en 1377.

1450 — Colart de la Cauchie, demeurant à Grébaumesnil, fils de Willelme de la Cauchie d'Eu, écuyer, Seigneur dudit lieu, est substitué aux biens de demoiselle Jeanne Flaitel.

1494 — Titre d'une donation faite à Jean de Grébaumesnil par Colart de la Chaussée, Bailly de Warnepon, et par Jean de la Chaussée, son neveu.

1519 — Pierre de la Chaussée, Seigneur de Grébaumesnil, est dit, dans un titre de 1519, posséder du bien à Martainneville.

1558 — Isabeau de la Cauchie d'Arrest, petite fille de maître Robert Boulain, vend à Martin du Bos, grénetier à St.-Valery, et à demoiselle Machart, sa femme, la moitié du bien de Cauquis qui appartenait à sa sœur Marguerite, épouse du capitaine Cornehotte.

1575 — Charles de la Chaussée d'Eu, écuyer, Seigneur d'Arrest, comparaît pour ses fiefs en Ponthieu.

❦

CHÉRY.

Porte : d'argent à deux lions affrontés de sable tenant en leurs griffes un cœur de gueules.

1204 — Messire Reynold de Chéry et Sibille, sa femme, fondent l'église collégiale de St.-Honoré de Paris.

1245 — Agatha de Cheri, conjux hernici de Bosensiaco, ampliavit abbatiam Salvatoris prope Laudunum.

1550 — Demoiselle N. de Chéry épouse maître David Mallet, à Aumale.

❦

CLABAULT.

Porte : de sinople à l'escarboucle d'or.

1367 — Jacques Louvel et demoiselle Marie CLABAULT, sa femme, possèdent un droit en grains sur le Val-aux-Lépreux.

1373 — Aveu « Je Mahieu CLABAUT aveüe tenir du Cuens de Ponthieu mes fiefs à Martinneville. »

1404 — Jean et Freminot Maupin hérirent de Hues de Biencourt et d'Adde CLABAULT, sa femme, 38 journaux de terre situés à la Bouvaque, près d'Abbeville.

1442 — Demoiselle Anne CLABAULT, veuve de Fremin Touvrion, se remarie à Fremin de Poix.

1450 — Contrat de mariage de Jacques CLABAULT avec Marion de Barbafust.

1490 — La terre de Martainneville est achetée par Jean Journe, par décret sur Jean CLABAULT.

1500 — Pierre CLABAULT, dit fils de Jacques CLABAULT, est déclaré exempt de l'arrière-ban.

1565 — Nicolas du Hamel, ancien Mayeur d'Abbeville, possède à Rouvroy des terres qui proviennent des héritiers de Guérars CLABAUT.

1586 — Adrienne CLABAULT, vend à Jean Fainel deux fiefs sis à Buires.

COMTE.

Porte : d'azur à trois bandes vairées d'argent et de gueules.

1360 — On trouve à cette époque un Robert le COMTE, Mayeur de Ponthoilles.

1380 — Colart le COMTE possède du bien à Aigneville.

1400 — Robert le COMTE et Jeanne Boulet, sa femme, habitent à Crécy en 1400.

1432 — Fremin le COMTE est sergent du Roi.

1447 — Guillaume le COMTE se fait recevoir Bourgeois à Domart.

1510 — Mathieu de Belleval, écuyer, avait épousé avant cette époque demoiselle Antoinette le COMTE, fille de Jean le COMTE, écuyer, Seigneur de Courcelles.

1512 — *Obits* fondés au St.-Sépulcre d'Abbeville pour Guillaume le COMTE et Guillemine Blasset, sa femme.

CONTY.

Porte : d'or au lion de gueules , à trois chevrons de vair alaisés brochant sur le tout.

1390 — Sire Willame de CONTY, bourgeois d'Amiens, a une rente sur l'hôtel-de-ville d'Abbeville, avec demoiselle Emmeline Aucosté, sa femme.

1400 — Dronet et Hugues de CONTY, fils de Robert de CONTY, sont domiciliés à Abbeville.

1447 — Guillaume de CONTY, Pair de Domart, à cause de Bourdon qu'il a acquis en demi-pairie de Nicole Accart, paye 16 sols pour n'avoir pas été assidu aux plaids.

1460 — Jean de CONTY, écuyer, demeurant à Amiens, époux de demoiselle Marie de Hallencourt, relève 27 journaux de terre provenant de Messire Pierron de Villers, et sis à Baiemont près d'Airaines.

1623 — Claude de CONTY, du village de Buires, épouse Louis Anquier, qui avait une maison à Moyenneville en Vimeu.

CORNU.

Porte : de gueules à l'orle d'argent.

1374 — Thomas CORNU posséde 20 journaux de terre à Airaines.

1380 — Robert CORNU, dit Bosquet, possède un gros bien à Cahon.

1421 — Henry CORNU est substitué aux droits de feu Sire Jacques Rousselle, frère de demoiselle Isabelle Rousselle, sa femme.

1432 — Jean CORNU, demeurant à Ramburelles, vend du bien aux Chartreux d'Abbeville.

1442 — Isabeau Rousselle, fille de Pierre Rousselle et d'une demoiselle de Monchy, et veuve d'Henry CORNU, se remarie à un Au Costé.

1464 — Henry CORNU, clerc de la ville d'Abbeville, est habillé aux dépens de la ville d'un costume à ses couleurs; en velours mi-parti bleu et *tanné*.

1473 — Henry CORNU, clerc de la ville d'Abbeville, avait une obole par chaque fournée de pain cuit au four aux Coulons, sis dans la chaussée Marcadé et occupé par Étienne de Beauvarlet.

1476 — Pierre Cornu, écuyer, et demoiselle Colée Malicorne, sa femme, possèdent à Abbeville une maison et un four.

1486 — Henry Cornu est taxé à 40 sols comme très-riche. Ce fut même lui qui écrivit le rôle de cette taxe, et il reçut 7 livres pour sa peine comme il l'avait demandé.

1490 — *Obit* fondé au St.-Sépulcre d'Abbeville par Jacques Langlachié, et demoiselle Isabeau Cornu, sa femme.

1529 — Antoine Cornu, dit M. de Beaucamp, est substitué aux droits de Jean de la Fresnaye qui avait épousé sa sœur, Madeleine Cornu.

1550 — Charles Cornu, écuyer, Seigneur de Beaucamp, présente ses fiefs qui consistent en deux fiefs dans la banlieue d'Abbeville, Cambet et Menchecourt, venant de Jeanne Carue, sa femme, deux fiefs à Ysengremer, deux à Sailly-Bray, un à Béhen et deux à Woincourt.

1550 — Aléaume et Robert Cornu, demeurant à Abbeville, y présentent leurs fiefs.

COULARS.

Porte :

1217 — Gauthier Coulars, bourgeois d'Abbeville, y fonde l'hôpital de St.-Julien.

1290 — Fremin Coulars, échevin et bourgeois d'Abbeville, assiste aux assises du Ponthieu.

1384 — Esteule Coulars achète à Messire Robert de Longroy, Chevalier, un fief à Rouvroy.

1387 — Thomas Coulars possédait à Abbeville un grand crédit. Sa maison était située sur l'emplacement où l'on a bâti l'église de St.-Georges. Il fut souvent nommé et employé à propos de la construction de cette église. Ses fils prirent le titre d'écuyer.

CRESPIEUL.

Porte :

1550 — Ernoul de Crespieul possède à Vironchaux un fief consistant en un manage sur la place et 40 journaux de terre tenus de Wibert des Marest.

9.

1472 — Pierre de CRESPIEUL, à Abbeville, est commis par Mgr d'Esquerdes pour recevoir le compte de l'artillerie.

1507 — Jehan de CRESPIEUL, Seigneur d'Ambricourt, comparaît en personne à la rédaction de la coutume d'Amiens.

1594 — Jacques de CRESPIEUL, écuyer, possédait vis-à-vis le cimetière du St.-Sépulcre, à Abbeville, une maison qui lui venait de Gabrielle de Maricourt, veuve de Jean des Corches, écuyer, Seigneur de Nellette.

D.

DAMIETTE.

Porte : d'argent à une épée de gueules surmontée d'un chevron de même.

1147 — Simon de Damiette, Chanoine et sous-chantre de Beauvais.

1447 — Rifflart de Damiette, homme-lige de Domart pour sa terre et seigneurie d'Agencourt, pour son manoir et pour son fief, paie 10 sols pour n'avoir pas suivi les plaids.

1498 — Adrien et Jacques Damiette, écuyers, vivant à Abbeville, y comparaissent pour leurs fiefs.

1507 — Jacques de Damiette comparaît au rang des nobles à la réformation de la coutume du Ponthieu.

1512, 14 juillet. — Attestation en parchemin prouvant que le nom de Damiette fut accordé par le Roi au nommé de Doncœur, écuyer, homme d'armes, en considération de ce qu'il aurait pris sur les Turcs la ville de Damiette.

1545 — Antoine de Damiette, écuyer, Seigneur de Béthencourt-Rivière, est mentionné au compte du domaine de Ponthieu.

1550 — Demoiselle Jeanne de Damiette, veuve, présente ses fiefs.

1550 — Jean de Damiette, écuyer, comparaît pour ses fiefs. Il est condamné à 2 sols d'amende, parce qu'il n'avait pas voulu payer pour sa maison qui venait d'être couverte « d'esteule. »

1578 — Titre « Notre très-honoré Seigneur, Monseigneur Charles de Damiette, écuyer, Seigneur du Mesnil-Doncœur et d'un fief à Coulonvillers. »

1618 — Claude de Damiette, écuyer, Seigneur du Mesnil-Longuet, comparaît pour ce fief.

DANZEL.

Porte : de gueules au lion d'or.

1384 — On trouve au Crotoy Maroie DANZEL, vivant femme de Jéhan du Quesne.

1450 — Jean DANZEL possède à Frettemeule cinq journaux de terre qui doivent 7 livres 6 deniers.

1495 — Jean DANZEL, Mayeur d'Arguel, assiste à la rédaction de la coutume du Ponthieu.

1575 — Pierre DANZEL possède un fief à Mons.

1582 — Nicolas DANZEL, du village de Hocquélus, doit une rente au Seigneur de Gadimez.

1641, 27 décembre. — Jean DANZEL, écuyer, Seigneur de Beaulieu-lès-Hocquélus, Chevalier de l'ordre de St.-Lazare, épouse demoiselle Bonne de Belleval, fille de Charles de Belleval, Chevalier, Seigneur de Rouvroy, et de demoiselle Claire du Maisniel de Longuemort.

1669, 11 décembre. — Demoiselle Madeleine DANZEL, fille d'Antoine DANZEL, écuyer, Seigneur de Beaulieu, épouse Antoine de Belleval, écuyer, Seigneur de Hasardville, fils de Nicolas de Belleval, Seigneur de Floriville, et de demoiselle Élisabeth de Coppequesne.

DANZEL.

Porte : d'azur au daim ailé d'or.

1578, 1ᵉʳ avril. — Demoiselle Marie DANZEL, fille de Nicolas DANZEL, écuyer, Seigneur de Boismont et de St.-Marc, et de demoiselle Françoise de Cahon, épouse Hugues de Belleval, écuyer, Seigneur de Floriville, homme d'armes des ordonnances du Roi.

DÉLEGORGUE.

Porte : d'or à trois merlettes de sable.

1442 — Raoulquin DÉLEGORGUE reçoit une certaine somme pour la copie d'un ajournement.

1469 — Jacques DÉLEGORGUE, échevin à Rue, relève ses fiefs tenus du Roi.

1523 — Jacques DÉLEGORGUE achète 13 journaux de terre, à Maisnières, à Jean le Prévost du Plouich.

1543 — Jacques DÉLEGORGUE est enterré dans l'église St.-Gilles, à Abbeville, dans la chapelle de St.-Nicolas.

1550 — Jean DÉLEGORGUE comparaît avec son frère Jacques pour ses fiefs.

DESCAULES.

Porte : d'argent à la fasce de gueules chargée de trois besants d'or.

1461 — Antoine DESCAULES, clerc de la sénéchaussée de Ponthieu, est fort souvent consulté à cause de son habileté.

1463 — Fremin DESCAULES paie 13 sols à l'arrière-ban. — *Obit* fondé au St.-Sépulcre d'Abbeville pour Fremin DESCAULES et demoiselle Marie Grisel, sa femme.

1465 — Guillaume DESCAULES est condamné par sentence à payer 12 sols à l'arrière-ban.

1496 — On voyait alors à l'Hôtel-Dieu d'Abbeville des vitraux que Fremin DESCAULES, écuyer, venait d'y faire poser, et sur lesquels ses pleines armes étaient peintes.

1498 — Guillaume DESCAULES présente ses fiefs.

1504 — Le fief DESCAULES, à Gorenflos, tenu du Plouy, est vendu en 1504 à Messire Jean Blottefière, licencié, ainsi que le fief de Surcamps, par Jean DESCAULES, écuyer, du consentement de Messire Antoine DESCAULES pour ce qui lui en appartenait.

1513 — La veuve d'Antoine DESCAULES, écuyer, est poursuivie pour le paiement d'une amende.

DESCORCHES.

Porte :

1550 — Jean DESCORCHES, écuyer, Seigneur de Neslettes, et demoiselle Gabrielle de Maricourt, sa femme, habitent à Abbeville, dans la maison des Challiers, vis-à-vis le cimetière du St.-Sépulcre.

1624 — François Descorches, Chevalier, Seigneur de Willaincourt, possède cinq fiefs à Rambures, du chef d'Isabeau Boussart, sa femme, et les vend à Messire Antoine Groul, Seigneur de La Folie.

1654 — Demoiselle Marie Le Roy, veuve de Charles Descorches, Chevalier, Seigneur de Willaincourt, major de Corbie, vend beaucoup de bien qu'elle avait à Hallencourt.

DESGROISELIERS.

Porte :

1508 — Adam des Groiseliers vivait alors à Rue.

1530 — Maître Jacques Desgroiseliers déclare ses fiefs.

1600 — Jean et Martin Desgroiseliers vendent la belle maison qu'ils ont près du Pont-Neuf, à Abbeville, à honorable homme Nicolas Aliamet.

DESQUINCOURT.

Porte : de gueules à trois tours d'or, écartelé d'argent à trois fleurs de lys au pied coupé de gueules.

1415 — On trouve à Abbeville Jéhan Deschinquecourt.

1500 — Sire Louis Desquincourt demeure à Abbeville sur la paroisse du St.-Sépulcre.

1527 — Lettre en parchemin de Jéhan Desquincourt, lieutenant au baillage d'Airaines et d'Arguel.

DOMPIERRE.

Porte : d'argent au lion de sable.

1164 — On trouve un Gauthier de Dompierre, vivant à Abbeville.

1374 — Agnès de Dompierre possède du bien à Crécy.

1421 — Jean de DOMPIERRE prête de l'argent pour le siége de St.-Riquier.
1568 — François de DOMPIERRE, écuyer, Seigneur de Liéramont, est cité à l'arrière-ban de Péronne.

DONCŒUR.

Porte : d'or au chevron de gueules.

1217 — Simon de DONCŒUR, Chevalier, fonde une chapelle auprès d'Arry.
1419, 23 mai. — Roland de DONCŒUR, Chevalier, chambellan du duc de Bourgogne, est nommé Grand-Pannetier de France à la place de Robinet de Mailly.
1422 — Jean de DONCŒUR, vaillant homme d'armes, est fait prisonnier dans le château de Domart.
1557 — Antoine de DONCŒUR et Jean de DONCŒUR, écuyers, Seigneurs de Witainéglise, comparaissent à l'arrière-ban, à Amiens.
1575 — Antoine de DONCŒUR, écuyer, comparaît pour un fief à Cambron.

DORESMIEULX.

Porte : — ANCIENNES ARMES — d'azur au chevron d'argent chargé de trois croisettes au pied fiché de gueules, et accompagné de trois molettes aussi d'argent. — NOUVELLES ARMES : — d'argent à trois têtes de maure de sable liées d'argent.

1320 — Robert DORESMIEULX, Seigneur d'un fief à Granssart, demeurait dans ce village.
1377 — Titre où est cité Reguilème DORESMIEULX, Seigneur du fief de la Cauque à Hallencourt.
1458, 1er février. — Robinet DORESMIEULX, receveur de Bailleul, scelle un titre d'un sceau où l'on voit ses armes anciennes.
1465 — Robert DORESMIEULX, demeurant sur la paroisse de St.-Gilles d'Abbeville, paie 8 sols à l'arrière-ban.
1465 — Philippe DORESMIEULX possède un fief à Bailleul et un fief à Limeu.
1498 — Philippe DORESMIEULX, homme-lige de Bailleul, présente ses fiefs.
1542 — Pierre et Nicolas DORESMIEULX présentent leurs fiefs.

1554 — Simon DORESMIEULX donne des vitraux à l'église de St.-Georges d'Abbeville.

1554, 1er décembre. — Demoiselle Hélène DORESMIEULX, fille de Guillaume DORES-MIEULX, bailly de Waben, et de demoiselle Guillemette Barra, épouse Pierre de Belleval, écuyer, Seigneur de St.-Jean-lès-Rue, du Croquet et du Vart, archer des ordonnances, fils de Jean de Belleval, écuyer, Seigneur de Belleval, d'Aigneville et de Morival, homme d'armes des ordonnances du Roi, et de demoiselle Claude Le Caron.

1585, 16 novembre. — Enquête faite par Me Jean de Canteleu, élu en l'élection de Ponthieu, sur la noblesse des DORESMIEULX.

1587, 27 avril. — Enquête faite par devant le bailly de Limeu au sujet de la noblesse des DORESMIEULX.

———⟶⟶✦❀❀❀❀❀✦⟵⟵———

DUGARDIN.

Porte : d'azur au chevron d'or accompagné de trois molettes d'argent.

1372, 22 décembre. — Jean DUGARDIN, écuyer, est institué Grand-Maître des eaux et forêts de France.

1384 — Fremin DUGARDIN demeure à Belloy-Friville. — Jean DUGARDIN possède un fief à Aigneville.

1447 — Jean DUGARDIN possède un fief tenu de Domart.

1500 — Jacquemin DUGARDIN possède 15 journaux de terre situés à Abbeville entre le Lillier, le Rivage et la rue de Lisle.

1517 — Fremin DUGARDIN possède un fief à Maigneville.

www.ingramcontent.com/pod-product-compliance
Lightning Source LLC
Chambersburg PA
CBHW070931280326
41934CB00009B/1827

9 7 8 2 0 1 9 1 7 9 3 7 3